Soziologie in der Tschechischen Republik

Marek Skovajsa • Jan Balon

Soziologie in der Tschechischen Republik

Marek Skovajsa
Philosophische Fakultät
Karls-Universität
Prag, Tschechische Republik

Jan Balon
Fakultät für Sozialwissenschaften
Karls-Universität
Prag, Tschechische Republik

Dieses Buch ist eine Übersetzung des Originals in Englisch „Sociology in the Czech Republic" von Skovajsa, Marek, publiziert durch Springer Nature Limited im Jahr 2017. Die Übersetzung erfolgte mit Hilfe von künstlicher Intelligenz (maschinelle Übersetzung). Eine anschließende Überarbeitung im Satzbetrieb erfolgte vor allem in inhaltlicher Hinsicht, so dass sich das Buch stilistisch anders lesen wird als eine herkömmliche Übersetzung. Springer Nature arbeitet kontinuierlich an der Weiterentwicklung von Werkzeugen für die Produktion von Büchern und an den damit verbundenen Technologien zur Unterstützung der Autoren.

ISBN 978-3-031-23532-0   ISBN 978-3-031-23533-7 (eBook)
https://doi.org/10.1007/978-3-031-23533-7

Die Deutsche Nationalbibliothek verzeichnet diese Publikation in der Deutschen Nationalbibliografie; detaillierte bibliografische Daten sind im Internet über http://dnb.d-nb.de abrufbar.

Springer VS
© Der/die Herausgeber bzw. der/die Autor(en), exklusiv lizenziert an Springer Nature Switzerland AG 2023
Das Werk einschließlich aller seiner Teile ist urheberrechtlich geschützt. Jede Verwertung, die nicht ausdrücklich vom Urheberrechtsgesetz zugelassen ist, bedarf der vorherigen Zustimmung des Verlags. Das gilt insbesondere für Vervielfältigungen, Bearbeitungen, Übersetzungen, Mikroverfilmungen und die Einspeicherung und Verarbeitung in elektronischen Systemen.
Die Wiedergabe von allgemein beschreibenden Bezeichnungen, Marken, Unternehmensnamen etc. in diesem Werk bedeutet nicht, dass diese frei durch jedermann benutzt werden dürfen. Die Berechtigung zur Benutzung unterliegt, auch ohne gesonderten Hinweis hierzu, den Regeln des Markenrechts. Die Rechte des jeweiligen Zeicheninhabers sind zu beachten.
Der Verlag, die Autoren und die Herausgeber gehen davon aus, dass die Angaben und Informationen in diesem Werk zum Zeitpunkt der Veröffentlichung vollständig und korrekt sind. Weder der Verlag noch die Autoren oder die Herausgeber übernehmen, ausdrücklich oder implizit, Gewähr für den Inhalt des Werkes, etwaige Fehler oder Äußerungen. Der Verlag bleibt im Hinblick auf geografische Zuordnungen und Gebietsbezeichnungen in veröffentlichten Karten und Institutionsadressen neutral.

Lektorat/planung: Cori Antonia Mackrodt
Springer VS ist ein Imprint der eingetragenen Gesellschaft Springer Nature Switzerland AG und ist ein Teil von Springer Nature.
Die Anschrift der Gesellschaft ist: Gewerbestrasse 11, 6330 Cham, Switzerland

Für Jiří Musil (1928–2012) und Miloslav Petrusek (1936–2012)

DANKSAGUNG

Die Autoren möchten Christian Fleck, Uta Gerhardt und Janusz Mucha für ihre äußerst hilfreichen Kommentare danken. Wir schätzen auch die Unterstützung und das Feedback der Gutachter und der Herausgeber der Reihe, John Holmwood und Stephen Turner, sehr.

Ein besonderer Dank geht an Stephan von Pohl für das Lektorat des gesamten Manuskripts in englischer Sprache. Wir danken auch dem Redaktionsteam von Palgrave Macmillan, insbesondere Philippa Grand, Tamsine O'Riordan und Beth Farrow, für die Betreuung dieses Projekts und die Überwachung seiner Fertigstellung.

Beide Autoren danken der Tschechischen Wissenschaftsstiftung (GA ČR) für die finanzielle Unterstützung durch das Forschungsprojekt Nr. 13-15802S „Von Rockefeller zu Soros: der Einfluss amerikanischer Stiftungen auf die Agenda der tschechischen Soziologie" (2013–2015). Diese Förderung ermöglichte unter anderem wiederholte Besuche in Archiven in Europa und den Vereinigten Staaten sowie die Teilnahme an internationalen Konferenzen.

Marek Skovajsa dankt dem Rockefeller Archive Center, Sleepy Hollow, New York, für die Erlaubnis, zwei Zitate aus seinen Materialien zu verwenden. Er dankt auch dem Masaryk-Institut und -Archiv der Tschechischen Akademie der Wissenschaften, Prag, für die Genehmigung, aus einem seiner Dokumente zu zitieren.

Bei der Sammlung von Daten oder dem Auffinden von Dokumenten wurden wir von folgenden Personen unterstützt (in alphabetischer Reihenfolge): Monika Baďurová, Jakub Češka, Silvia Danišová, Jiří Gruntorád, Lenka Hanovská, Radim Hladík, Robert Klobucký, Alena Miltová, Andrea

Semancová, Kateřina Spustová, Světlana Trojanová und den Bibliothekaren des Instituts für Soziologie der Tschechischen Akademie der Wissenschaften, Prag.

Abschließend möchte sich Marek bei Martina und Vilma für ihre liebevolle Unterstützung herzlich bedanken. Jan dankt Tereza und Gréta für ihre Geduld.

Inhaltsverzeichnis

1 Einleitung: Eine institutionelle Geschichte der Soziologie
   in der Tschechischen Republik   1

2 Soziologie im Dienste der Nationsbildung: Das
   Vermächtnis von Tomáš Garrigue Masaryk   13

3 Ein falscher Anfang? Wachstum und Zerstörung der
   tschechischen Soziologie 1918–1950   27

4 1950–1969: Berater des sozialistischen Fürsten   51

5 1969–1989: Die lange Stunde der Parteiideologen   77

6 Die 1990er-Jahre: Wiederaufbau und die Hinwendung
   zum Westen   103

7 Nach 2000: Einbindung in den europäischen Kontext   125

Abbildungsverzeichnis

Abb. 5.1 Häufigkeit des Auftretens der Begriffe „Marx" und „Lenin" in *Sociologický časopis/Czech Sociological Review*, 1965–2015. *Hinweis:* Basierend auf einer Volltextsuche in der Zeitschrift 90

Abb. 5.2 Jährliche durchschnittliche Anzahl der Verweise auf die wichtigsten US-Zeitschriften in *Sociologický časopis/Czech Sociological Review*, 1965–2015, in 6-Jahres-Zeiträumen. *Hinweis:* Daten für 1965–2003 aus einer Volltextsuche in der Zeitschrift, für 2004–2015 aus Journal Citation Reports, Web of Science (Zugriff am 17. Dezember 2016) 91

Abb. 7.1 Immatrikulationen und Promotionen, Soziologie, 2002–2014 – Fakultät für Sozialwissenschaften, Karls-Universität Prag. (*Quelle:* Jahresberichte der Fakultät für Sozialwissenschaften der Karls-Universität) 129

Abb. 7.2 Immatrikulationen und Promotionen, Soziologie, 2002–2014 – Fakultät für Sozialwissenschaften, Masaryk-Universität Brünn. (*Quelle:* Jahresberichte der Fakultät für Sozialwissenschaften der Masaryk-Universität. *Anmerkungen 1.* Die Zahlen für die B.A.-Studiengänge schließen die Studenten in den gemeinsamen Studienprogrammen ein. 2. Ein Vollzeit-Promotionsstudiengang dauert bis zu 4 Jahre. Die Studierenden sind einem Fachbereich angegliedert und erhalten ein bescheidenes staatliches Stipendium. Ein *kombiniertes* Ph.D.-Studienprogramm ist hauptsächlich für berufstätige Studenten (ohne Stipendium) gedacht. Nach dem Ende des geförderten Zeitraums setzen die Vollzeitstudenten in der Regel ihr Studium in einem kombinierten Studiengang fort) 130

Abb. 7.3 Anzahl der Forschungsergebnisse (Bücher, Buchkapitel, Zeitschriftenartikel), Soziologie und Demografie, 1993–2015. (*Quelle:* Informationsregister der Tschechischen Republik für F&E-Leistungen (RIV)) 135

Tabellenverzeichnis

Tab. 1.1 Tschechische politische Geschichte und die Geschichte der Soziologie 9

KAPITEL 1

Einleitung: Eine institutionelle Geschichte der Soziologie in der Tschechischen Republik

Zusammenfassung Die in diesem Buch dargestellte Geschichte der Soziologie in der Tschechischen Republik konzentriert sich in erster Linie auf ihre institutionelle Entwicklung. Die institutionalisierte Soziologie in der heutigen Tschechischen Republik, einem Staat, der erst vor kurzem (1993) gegründet wurde, ist weitgehend mit der tschechischen Soziologie identisch. Während die frühe tschechische Soziologie auf einem ausgeprägten Sinn für eine politische Mission im Zusammenhang mit dem Aufbau der Nation und des Staates aufbaute, ist dieser Sinn in den letzten Jahrzehnten verloren gegangen.

Die letzte Generalversammlung der „Tschechischen Masaryk-Gesellschaft für Soziologie" (MČSS) fand im Januar 2015 im Rahmen des alle zwei Jahre stattfindenden Treffens der tschechischen Soziologen statt. Die im Vergleich zu ähnlichen Tagungen anderer nationaler Vereinigungen bescheidene Konferenz (etwa 50 aktive Teilnehmer, die sich auf zwei parallele Sitzungen aufteilten, die weniger als zwei volle Tage dauerten) fand an der Fakultät für Sozialwissenschaften der historischen Karls-Universität in Prag statt, allerdings in einem uninspirierten modernen Gebäude, das weit vom alten Stadtzentrum entfernt ist. Die Generalversammlung nahm ihren üblichen Verlauf, bis ein höchst unerwarteter Vorschlag von Vorstandsmitgliedern eingebracht wurde: die Änderung des Namens der Vereinigung in die recht einfache und profane „Tschechische Gesellschaft für Soziologie" (ČSS). Die Befürworter argumentierten, dass der Verband der gängigen Praxis anderer nationaler Verbände folgen sollte, die Mitglieder der International Sociological Association (ISA) sind. Außerdem wurde die Meinung vertreten, dass diese Änderung der Verwirrung auf internationaler Ebene ein Ende setzen würde, da viele Menschen nicht wüssten, was „Masaryk" bedeute und welches Land die Vereinigung vertrete. Die halb verschlafene Atmosphäre im Auditorium verwandelte sich plötzlich in eine hitzige und langwierige Debatte. Als schließlich abgestimmt wurde, sprach sich eine Mehrheit für die Namensänderung aus, doch die unterlegene Minderheit ließ noch einige Zeit nach Ende der Konferenz ein entrüstetes Gemurmel vernehmen ...

Warum erzählen wir diese Geschichte zu Beginn unseres kurzen Buches über die Geschichte der Soziologie in der Tschechischen Republik? Wir glauben, dass sie eine der tiefgreifendsten Veränderungen veranschaulicht, die die Soziologie dieses Landes im Laufe des 20. Jahrhunderts erlebt hat. Die tschechische Soziologie wurde von Tomáš Garrigue Masaryk, dem charismatischen Intellektuellen und Politiker, der 1918 der erste Präsident der Tschechoslowakischen Republik wurde, als Disziplin gegründet und von seinen Nachfolgern weiterentwickelt, und zwar mit einer besonderen Mission, die ihr ein Gefühl des Anspruchs auf breite öffentliche Anerkennung verlieh: den Aufbau der neuen Nation und des Staates zu begleiten. Mit dem Beginn der kommunistischen Herrschaft nach dem Zweiten Weltkrieg wurden sowohl Masaryk als auch die Soziologie für fehlerhaft und reaktionär erklärt. In den 1960er-Jahren wurde die Soziologie jedoch offiziell wieder ins Leben gerufen, in der Erwartung, dass sie Hand in Hand mit den Wirtschaftswissenschaften und anderen Sozialwissenschaften die immense Aufgabe bewältigen würde, Richtlinien für den Wiederaufbau des maroden sozialistischen Systems zu liefern. Während der dritten Wiederbelebung des Fachs nach dem Zusammenbruch des kommunistischen Systems 1989 und der kurz darauf erfolgten Teilung der Tschechoslowakei in die Tschechische und die Slowakische Republik hatte die damalige tschechische Regierung, die von der wirtschaftlichen Ideologie „der Markt wird alles lösen" beherrscht wurde, keinerlei Interesse an der Soziologie. Doch bereits 1990 beschlossen die tschechischen Soziologen, dem Namen ihrer Vereinigung den Zusatz „Masaryk" hinzuzufügen, um ihrer Überzeugung Ausdruck zu verleihen, dass die Zeit kommen muss, in der die Soziologie wieder mit der Aufgabe betraut wird, ein für die Entwicklung der Gesellschaft unverzichtbares Wissen zu produzieren. Im Laufe der letzten 25 Jahre scheint diese Idee einer besonderen Mission endgültig verschwunden zu sein. Aber hat sich die tschechische Soziologie wirklich von der ihr innewohnenden Assoziation mit dem Aufbau von Nation und Staat gelöst? Ist es ihr in dem Maße, in dem dies der Fall ist, gelungen, sich ein anderes Identitäts- und Sendungsbewusstsein zu schaffen? Dies sind die zentralen Fragen, die wir im Auge behalten werden, wenn wir unsere Geschichte weiter erzählen.

Die Soziologie in der Tschechischen Republik bleibt eine tschechische Soziologie

Dieses Buch ist eine Geschichte der Soziologie auf dem Gebiet der heutigen Tschechischen Republik. Wir haben uns entschlossen, unseren Gegenstand mit der Wendung „Soziologie in der Tschechischen Republik" zu bezeichnen, allerdings nicht ohne einzuräumen, dass dies ein wenig ungeschickt ist, da die Zeitspanne unserer Erzählung viel länger ist als die Existenz dieser sehr jungen Staatsformation. Auch mit der Bezeichnung „tschechische Soziologie" sind wir nicht ganz zufrieden, da die Gefahr besteht, dass sie zu eng und methodologisch nationalistisch ausgelegt wird (Beck und Sznaider 2006, S. 3–6). Wir sind jedoch der Meinung, dass es – im Gegensatz zu einigen anderen „Soziologien im Land X" – aus einer Reihe von historischen Gründen ganz zutreffend ist, diese Geschichte als „Geschichte der tschechischen Soziologie" zu bezeichnen, wenn man die nötige Vorsicht walten lässt.

Die Soziologie in den böhmischen Kronländern in Österreich (bis 1918), im tschechischen Teil der Tschechoslowakei (1918–1992) und in der Tschechischen Republik (1993-heute)[1] wurde in der Zeit von 1945 bis 1989 praktisch ausnahmslos von Tschechen betrieben (abgesehen von den relativ wenigen Slowaken, die an tschechischen Einrichtungen tätig waren). Das bedeutet nicht, dass sich unser Buch auf die Soziologie der Tschechen als ethnische oder nationale Gruppe beschränkt – eine Entscheidung, die Lesern, die mit der komplexen ethnischen Zusammensetzung der Tschechoslowakei vor dem Zweiten Weltkrieg vertraut sind, und auch angesichts der Existenz eines *tschechoslowakischen* Staates zwischen 1918 und 1992 zu Recht problematisch erscheinen könnte. Da der Schwerpunkt des Buches jedoch auf der Entwicklung der Soziologie als institutionalisierte Disziplin in einem bestimmten Land liegt, werden fast ausschließlich jene Organisationen, Personen, Gruppen und intellektuellen Produkte behandelt, die zu verschiedenen Zeiten und an verschiedenen Orten Teil dieser sich entwickelnden institutionellen Realität waren. Dieser Ansatz, der unserer Meinung nach nicht von vornherein diskriminierend ist, lässt deutsche, slowakische und andere „nicht-tschechische" Soziologen außen vor, und zwar aus dem einfachen Grund, dass sie nicht oder nur am Rande am Aufbau einer institutionalisierten Disziplin der Soziologie in der Tschechischen Republik beteiligt waren.

Vor dem Zweiten Weltkrieg war das Gebiet, das heute den Namen der Tschechischen Republik trägt, die Heimat einer blühenden deutschen und deutsch-jüdischen intellektuellen Gemeinschaft, die eine starke Konkurrenz für das tschechische akademische Leben darstellte, es aber auch außerordentlich befruchtete (siehe Cohen 2006). Obwohl viele deutschsprachige Soziologen und andere Sozialwissenschaftler eine gewisse Verbindung zu diesem Gebiet hatten (z. B. Alfred Weber, Hans Zeisel, Werner Stark oder Karl W. Deutsch, um nur einige zu nennen), scheint es wenig sinnvoll, in diesem Zusammenhang von einer deutschsprachigen Soziologie (im Gegensatz zu Philosophie, Geschichte, Rechtswissenschaft, Literatur usw.) als institutionalisierte akademische Disziplin oder gar als relativ stabile intellektuelle Gemeinschaft zu sprechen, weder in der österreichischen noch in der tschechoslowakischen Ära. Es gab nur sehr wenige deutschsprachige Soziologen, die zumindest eine Zeit lang an den Universitäten oder anderen wissenschaftlichen Einrichtungen des Landes lehrten oder forschten. Stattdessen machten sie ihre Karriere in der Regel in Deutschland, Österreich oder in den angelsächsischen Ländern.

Der Fall der slowakischen Soziologen liegt anders, aber die Schlussfolgerung ist die gleiche. Es ist sicherlich richtig, dass sich die Soziologie im tschechischen und im slowakischen Teil der Tschechoslowakei etwa ein Jahrhundert lang in engem Kontakt entwickelt hat, aber spätestens seit der Spaltung zwischen Tschechen und Slowaken während des Zweiten Weltkriegs gibt es nicht nur eine, sondern zwei unterschiedliche nationale soziologische Traditionen und Gemeinschaften (Nešpor 2011, S. 169–188). Aus diesem Grund bleibt die Soziologie in der Slowakei außerhalb des Rahmens des vorliegenden Buches. Die Begriffe „Tschechoslowakei" und „tschechoslowakisch" werden verwendet, wenn es historisch angemessener erscheint, sich auf das gesamte Land zu beziehen, aber wir haben jeden Versuch vermieden, Fakten zu analysieren, die die institutionalisierte Soziologie in der Slowakei betreffen.

Ein nicht minder wichtiger Grund dafür, dass die tschechische Soziologie und die Soziologie in der Tschechischen Republik weitgehend deckungsgleich bleiben, ist die begrenzte Bewegung von Personen (sowohl nach innen als auch nach außen) zwischen der tschechischsprachigen Soziologie an tschechischen Institutionen und der Außenwelt. Sicherlich führten die politischen Umbrüche des 20. Jahrhunderts zu mehreren Auswanderungswellen aus der Tschechoslowakei (vor allem 1938, 1948 und 1968), die auch Soziologen betrafen. Doch die wenigen Soziologen tschechischer Herkunft, die im Exil eine akademische Laufbahn einschlugen, bildeten nicht so etwas wie eine „tschechische soziologische Schule im Ausland". Daran hat auch die relativ unbedeutende Abwanderung meist junger tschechischer Soziologen nach der Öffnung der Grenzen seit 1989 nichts geändert. Alles in allem ist in der winzigen tschechischen „Diaspora" weder eine gemeinsame Problematik und Orientierung noch ein nationaler soziologischer Arbeitsstil erkennbar, der eine eindeutig tschechische Tradition definieren könnte (vgl. Sztompka 2010, S. 23). Umgekehrt war, wie in späteren Kapiteln gezeigt wird, die Beteiligung von Nicht-Tschechen (wiederum abgesehen von einigen Slowaken) an der institutionalisierten Soziologie in der Tschechischen Republik bis in die 1990er-Jahre nahezu inexistent und ist seither nicht über eine einstellige Zahl hinausgewachsen. Obwohl dies kein Grund zum Feiern ist, müssen wir feststellen, dass die Soziologie innerhalb der Grenzen der Tschechischen Republik trotz Globalisierung, Internationalisierung, Europäisierung und der triftigen Kritik am methodologischen Nationalismus eine tschechische Soziologie war und ist und wahrscheinlich auch in naher Zukunft bleiben wird.

Das bedeutet nicht, dass die Soziologie in der Tschechischen Republik synonymisch mit der Soziologie aller tschechischen Dinge ist. Es stimmt, dass die überwiegende Mehrheit der Themen, über die Soziologen in der Tschechischen Republik schreiben und forschen, einen Bezug zu Tschechien haben (Janák und Klobucký 2014). Tschechische Soziologen neigen wahrscheinlich weniger als ihre amerikanischen, britischen oder französischen Kollegen dazu, soziale Netzwerke in Afrika, interethnische Konflikte in Südostasien oder gemeinnützige Organisationen in Lateinamerika zu untersuchen. Bis zu einem gewissen Grad mag dies auf das Fortbestehen einer national ausgerichteten Denkweise zurückzuführen sein, aber es hat sicherlich auch viel mit der Geschichte (unter anderem waren die Tschechen nie eine Kolonialmacht) und mit den deutlich geringeren Ressourcen des Fachs zu tun. Empirische Forschung zu nicht-tschechischen

Themen, breiter angelegte vergleichende Studien und verallgemeinernde theoretische Überlegungen gehören jedoch seit Jahrzehnten zum Standardrepertoire der tschechischen Soziologen. Wenn man die Perspektive umkehrt, sollte man hinzufügen, dass es auch eine lange Reihe von Forschungen zu tschechischen Themen von Soziologen außerhalb der Tschechischen Republik gegeben hat. Vor allem in den ereignisvollen 1990er-Jahren zeigten Soziologen aus vielen Ländern der Welt ein reges Interesse an den Themen, die mit der „Transformation" der tschechischen Gesellschaft zu tun hatten (z. B. Eyal et al. 1998), und dieses Interesse ist bis heute nicht ganz erloschen. In den letzten Jahren ist es jedoch bei anderen Sozialwissenschaftlern, insbesondere bei Studenten der Zeitgeschichte, stärker geworden.

INSTITUTIONELLER ANSATZ

Angesichts des begrenzten Umfangs dieses Buches ist die Geschichte der Soziologie in der Tschechischen Republik, die wir anbieten, notwendigerweise selektiv. Unsere Geschichte befasst sich sowohl mit der institutionellen als auch mit der intellektuellen Entwicklung der Disziplin, konzentriert sich aber mehr auf die institutionellen und organisatorischen Aspekte als auf die Ideen und Inhalte (vgl. Turner und Turner 1990, S. 8–9). Es wäre schwierig, wenn nicht gar unmöglich, eine kohärente Darstellung des sich wandelnden intellektuellen Inhalts der disziplinären Produktion in einem beliebigen Land zu geben, ohne die Frage nach der Einbettung in den bestehenden institutionellen Rahmen völlig außer Acht zu lassen. Es schien uns klar, dass diese beiden Ziele in einem so kurzen Text nicht gleichzeitig erreicht werden können, und wenn nur eines von ihnen, zumindest bis zu einem gewissen Grad, möglich ist, dann muss es die Institutionengeschichte sein.

Da das Leben einer Disziplin jedoch nicht nur durch Institutionen definiert wird, verbringen wir auch viel Zeit damit, über Personen, Gruppen, Veröffentlichungen und sogar Ideen (oder Diskurse, wie manche Leser die intellektuelle Dimension nennen möchten) zu sprechen. Die tschechische akademische Welt ist klein, aber nicht unbedingt zu klein. Sie war groß genug, um eine interne intellektuelle Dynamik zu erzeugen, die eine Reihe von autonomen Debatten zumindest seit dem letzten Drittel des 19. Jahrhunderts angetrieben hat. Dennoch ist sie zu klein – und das gilt erst recht für die tschechische Soziologie, die immer nur einen winzigen Teil dieses Raums eingenommen hat –, um nicht auf intellektuellen Input von außen angewiesen zu sein. Mit „außen" sind in erster Linie die großen nationalen Traditionen gemeint (die wichtigsten davon waren, in ungefährer historischer Reihenfolge, die deutsche und österreichische, die russische, die französische, die britische, die amerikanische und die sowjetische), zu denen aber auch die heutigen europäischen und globalen westlichen Trends und Bewegungen hinzukommen sollen. Die Rezeption und Bearbeitung fremder Einflüsse war also immer ein wesentlicher Bestandteil der tschechischen intellektuellen Tradition, trotz der manchmal übertriebenen Tendenz, sich aufgrund nationaler oder sogar nationalistischer Bestrebungen von der Welt abzuschotten.

Übertragen auf unser Thema bedeutet dies, dass die intellektuelle Entwicklung der Soziologie in der Tschechischen Republik als ein doppelter Prozess charakterisiert werden kann: (1) Verfolgung und selektive Aneignung von Innovationen von außen und (2) Erzeugung einer eigenen Dynamik aus einer Kombination von vorhandenen internen Elementen und ausländischen Einflüssen. Es wäre jedoch eine idealistische Fehleinschätzung, den frei schwebenden Charakter oder die autonome Dynamik dieses komplexen Prozesses zu übertreiben (vgl. Bourdieu 1991, S. 10). Wie überall wurde auch die intellektuelle Entwicklung der tschechischen Soziologie von den Institutionen bestimmt, die sie unterstützten oder regulierten und einschränkten (auch hier gibt es einen Grund, den Blick auf die Institutionen zu richten). In diesem speziellen Fall waren diese Institutionen jedoch weit davon entfernt, ein vernünftiges Maß an Autonomie zu genießen, sondern waren oft stark von der politischen Macht abhängig – und zwar in einem Ausmaß, das über das hinausgeht, was in den meisten westlichen liberal-demokratischen Gesellschaften üblich war. In einem wichtigen Sinne ist die Geschichte der Soziologie in der Tschechischen Republik die Geschichte ihrer Widerstandsfähigkeit gegenüber politischer Manipulation und Kontrolle.

Ein Abriss des Buches

In den folgenden Kapiteln wird die Geschichte der Soziologie in der Tschechischen Republik vor allem anhand der wichtigsten Ereignisse der tschechischen politischen Geschichte in Epochen unterteilt. Diese Wahl, die bei tschechischen Autoren üblich ist (siehe Nešpor et al. 2014), entspricht der Beobachtung, dass die tschechische Soziologie während ihrer gesamten Entwicklung stark vom jeweiligen politischen Regime beeinflusst wurde. Anders als in Polen, wo sich die Soziologie (wie Marta Bucholc behauptet) trotz des externen politischen Drucks bereits in den 1950er-Jahren autonom zu entwickeln begann (Bucholc 2016, S. 5), erreichte die tschechische Soziologie erst um die Zeit des Zusammenbruchs des kommunistischen Regimes im Jahr 1989 ein Stadium, in dem ihr eine interne, institutionelle und intellektuelle Dynamik zugesprochen werden kann. Da es aus Platzgründen nicht möglich ist, umfassendere kontextuelle Informationen über die politischen Entwicklungen im Land zu geben, verweisen wir den Leser auf die neueste englischsprachige Literatur (Pánek und Tůma 2009; Heimann 2009).[2] Tab. 1.1 gibt einen Überblick über die Meilensteine der tschechischen politischen Geschichte und die aufeinanderfolgenden Etappen in der Geschichte der tschechischen Soziologie.

Auch wenn der Schwerpunkt der Reihe „Soziologie im Wandel" auf der Zeit nach 1945 liegt, haben wir uns dafür entschieden, die Geschichte der tschechischen Soziologie mit ihren Anfängen im späten 19. Jahrhundert zu beginnen, denn ihre Gründerfiguren – die soziologischen Präsidenten Tomáš G. Masaryk und Edvard Beneš, die in Kap. 2 kurz vorgestellt werden (1880er-Jahre bis 1918) – haben der Disziplin einen tiefen Stempel aufgedrückt, der auch nach dem Tod von Beneš im Jahr 1948 nicht verschwunden ist. Diese beiden Politiker sahen die Soziologie als eine zutiefst „politische" Wissenschaft an, die ihnen ihrer Meinung nach beim Aufbau eines unabhängigen tschechoslowakischen Staates eine Orientierungshilfe bot. Kap. 3 bietet einen Überblick über die Zwischenkriegszeit und die unmittelbare Nachkriegszeit (1918–1950), in der die Institutionalisierung der Soziologie erhebliche Fortschritte machte, um den radikalen Bruch aufzuzeigen, den die verheerende kommunistische Kampagne gegen die Soziologie nach 1948 darstellte. Die frühe disziplinäre Tradition, die der Dominanz des Marxismus-Leninismus vorausging, blieb ein (wenn auch oft nur impliziter) Bezugspunkt für die Entwicklung der Soziologie in der kommunistischen und postkommunistischen Zeit.[3]

Die vier Jahrzehnte der kommunistischen Herrschaft (1948–1989) waren durch zahlreiche Verschiebungen und Veränderungen in der offiziellen Politik gekennzeichnet, die auch die Existenzbedingungen der Soziologie betrafen. Der Übersichtlichkeit halber wurde dieser Zeitraum in zwei nahezu exakt gleiche Hälften unterteilt, wobei der Höhepunkt und die Niederschlagung der tschechoslowakischen Reformbewegung in den Jahren 1968–1969 als Trennungspunkt dienen. Kap. 4 (1950–1969) beschreibt die langsame Rekonstitution der Soziologie nach ihrem Verschwinden aus dem akademischen und öffentlichen Leben, einschließlich

Tab. 1.1 Tschechische politische Geschichte und die Geschichte der Soziologie

	Politische Geschichte		Soziologie
Bis 1918	Tschechen in Österreich(-Ungarn), Erster Weltkrieg	1882–1918	T. G. Masaryk, Professor an der Tschechischen Universität in Prag; Soziologen unter seinen Studenten (E. Beneš)
1918	Erste Tschechoslowakische Republik	1918–1938	Erste Institutionalisierung: Lehrstühle, Fachzeitschriften, nationaler Verband
1938	Münchner Abkommen	1939–1945	Schließung tschechischer Universitäten; soziologische Fachzeitschriften werden eingestellt
1939	Protektorat Böhmen und Mähren, Beginn des Zweiten Weltkriegs		
1945	Ende des Zweiten Weltkriegs, Wiederherstellung der Tschechoslowakischen Republik	1945–1950	Fortführung der Soziologie der Zwischenkriegszeit
1948	Kommunistische Machtübernahme	1948–1956	Abschaffung der Soziologie und Ersetzung durch marxistisch-leninistische Theorie
1956	Zwanzigster Kongress der Kommunistischen Partei der Sowjetunion; Ungarn-Aufstand, marxistischer „Revisionismus"	1956–1963	Die Soziologie entsteht allmählich innerhalb und außerhalb des historischen Materialismus
1968	„Prager Frühling", Einmarsch der Warschauer-Pakt-Staaten	1964–1969	Disziplinäre Erneuerung als marxistische Soziologie, neue Studiengänge, Institut für Soziologie an der Akademie, Fachgesellschaft
1969	Einführung eines „Normalisierungs"-Regimes, politische Säuberungen, Auswanderung	1969–1989	Offizielle „marxistisch-leninistische" Soziologie, strenge ideologische Kontrolle
1989	„Samtene Revolution", Zusammenbruch der kommunistischen Herrschaft	1990–	Erneuerung unter demokratischen Bedingungen; rasche Expansion; neue Fakultäten und Studiengänge, Fachzeitschriften
2004	Beitritt zur Europäischen Union	2000–	Internationalisierung und Europäisierung; begrenzte neoliberale Reformen; leistungsbezogene Bewertung

ihres denkwürdigen, aber kurzlebigen Comebacks Mitte der 1960er-Jahre. Die nächsten beiden Jahrzehnte 1969–1989 (Kap. 5) werden als eine höchst anomale Periode dargestellt, die durch eine rigorose ideologische Kontrolle der Disziplin in einem von sowjetischen Truppen besetzten Land gekennzeichnet war. In den letzten beiden Kapiteln wird die Geschichte der Erneuerung und des Wandels der Disziplin nach 1989 erzählt. In Kap. 6 wird die Reorganisation des Fachs vor dem Hintergrund der tiefgreifenden strukturellen, institutionellen und kulturellen Veränderungen betrachtet, die die tschechische Gesellschaft nach dem Ende des Kommunismus erfassten. Kap. 7 befasst sich mit den Herausforderungen, denen sich die Soziologie in der Tschechischen Republik seit dem Beitritt des Landes zur Europäischen Union im Jahr 2004 stellen muss. Beide Kapitel zusammen verdeutlichen die ambivalenten Folgen der weitreichenden Akzeptanz westlicher institutioneller und intellektueller Modelle durch die tschechische Soziologie.

Es sei hinzugefügt, dass, obwohl es sich um ein Gesamtwerk handelt, jeder Autor die Kapitel beigesteuert hat, die seinen Forschungsinteressen am besten entsprechen. Marek Skovajsa hat die Kap. 2, 3, 4 und 5 verfasst, die die Geschichte der tschechischen Soziologie vom späten 19. Jahrhundert bis 1989 darstellen. Jan Balon trägt die Hauptverantwortung für die Kap. 6 und 7, die sich mit den jüngsten Entwicklungen der Disziplin von 1989 bis heute befassen. Wir haben versucht, unsere eigene Lesart der Geschichte der Soziologie in der Tschechischen Republik zu entwickeln, und zwar in ständiger Auseinandersetzung mit früheren Arbeiten zu diesem Thema, aber vor allem mit Blick auf eine unabhängige Prüfung der Quellen, einschließlich einiger bisher nicht analysierter Archivmaterialien und anderer Daten.

Dieses Buch wäre ohne die Vorarbeiten anderer Soziologen und Historiker sehr viel schwieriger zu schreiben gewesen. Auf ihre Schriften wird im gesamten Buch Bezug genommen, aber aus Platzgründen mussten wir die Zahl der Verweise begrenzen. Wir fühlen uns verpflichtet, zwei Namen aus der Liste unserer Vorgänger hervorzuheben. Miloslav Petrusek (1936–2012) hat mehr als jeder andere tschechische Soziologe nach 1989 dazu beigetragen, die Erforschung der eigenen Vergangenheit zu einem anerkannten Teilbereich der Soziologie zu machen. Ab Mitte der 2000er-Jahre begann sich die historische Literatur zur tschechischen Soziologie in einem ungewöhnlichen Tempo zu erweitern dank der außerordentlichen Produktivität des Historikers, Soziologen und Sozialanthropologen Zdeněk R. Nešpor (* 1976).[4] Es ist bedauerlich, aber durchaus symptomatisch für die anhaltende (Selbst-)Marginalisierung der tschechischen Soziologen in der internationalen Ideenzirkulation, dass fast kein Text dieser und anderer Autoren in Englisch oder einer anderen internationalen Sprache veröffentlicht wurde.[5]

Notes

1. Einige tschechische Historiker verwenden den methodologisch nationalistischen Begriff „die tschechischen Länder", um dieses Gebiet in verschiedenen historischen Perioden zu bezeichnen (Pánek und Tůma 2009).
2. Diese beiden umfassenden Historien sind nicht nur die jüngsten, sondern zeigen auch, wie umstritten ein Großteil ihres Themas ist. Das kontroverse Buch von Mary Heimann wurde wegen seines antitschechischen Tons und mangelnder sachlicher Genauigkeit kritisiert. Trotz dieser Vorbehalte bietet es eine Fülle von Denkanstößen und ist ein Gegenmittel gegen einseitig positive (oder „Whig", wie Heimann es nennt) Lesarten der tschechischen Geschichte. Der von Jaroslav Pánek und Oldřich Tůma herausgegebene Band spiegelt die gegenwärtige Mainstream-Sicht auf die tschechische Geschichte durch Autoren aus den renommiertesten akademischen Institutionen des Landes wider.
3. Indem wir das Adjektiv „kommunistisch" auf die autokratische Herrschaft der Kommunistischen Partei der Tschechoslowakei anwenden, vermeiden wir die endlose nationale Debatte, in der die Linke versucht hat, den Begriff „Staatssozialismus" durchzusetzen (um den Begriff „Kommunismus" für die künftige Verwendung zu retten), während die Rechte weiterhin die unpräzise Bezeichnung „Totalitarismus" verteidigt.
4. Neben zahlreichen Zeitschriftenartikeln und einem Buch über die Geschichte der tschechischen Soziologie in der Zwischenkriegszeit (Nešpor 2011) hat Nešpor kürzlich zwei umfangreiche Werke herausgegeben und mitverfasst, ein *Wörterbuch der tschechischen Soziologen* und eine *Geschichte der tschechischen Soziologie* (Nešpor et al. 2013, 2014), die die umfassendste Behandlung der Geschichte des Fachs in diesem Land darstellen.
5. Eine bemerkenswerte Ausnahme ist das Werk von Michael Voříšek, dessen Buch über die tschechische Soziologie der 1960er-Jahre, *Die Reformgeneration* (Voříšek 2012), in den internationalen Debatten unverdientermaßen weitgehend unbeachtet geblieben ist. Verantwortlich für diese Vernachlässigung mag die Tatsache sein, dass es in einem kleinen tschechischen Verlag erschienen ist.

Literatur

Beck, Ulrich, und Natan Sznaider. 2006. Unpacking cosmopolitanism for the social sciences: A research agenda. *British Journal of Sociology* 57(1): 1–23.
Bourdieu, Pierre. 1991. The peculiar history of scientific reason. *Sociological Forum* 6(1): 3–26.
Bucholc, Marta. 2016. *Sociology in Poland*. Basingstoke: Palgrave Macmillan.
Cohen, Gary B. 2006. *The politics of ethnic survival: Germans in Prague, 1861–1914*, 2. Aufl. West Lafayette: Purdue University Press.
Eyal, Gil, Iván Szelényi, und Eleanor R. Townsley. 1998. *Making capitalism without capitalists: Class formation and elite struggles in post-communist Central Europe*. London: Verso.
Heimann, Mary. 2009. *Czechoslovakia: The state that failed*. New Haven: Yale University Press.
Janák, Dušan, und Robert Klobucký. 2014. Co bychom věděli o sociologii, kdybychom četli pouze Sociologický časopis a Sociológii? [What would we know about sociology if we only read Sociologický časopis and Sociológia?]. *Sociologický časopis/Czech Sociological Review* 50(5): 645–670.
Nešpor, Zdeněk R. 2011. *Republika sociologů. Zlatý věk české sociologie v meziválečném období a krátce po druhé světové válce* [A republic of sociologists. The golden age of Czech sociology in the interwar period and shortly after WWII]. Prague: Scriptorium.
Nešpor, Zdeněk R., et al. 2013. *Slovník českých sociologů* [The dictionary of Czech sociologists]. Prague: Academia.
———. 2014. *Dějiny české sociologie* [The history of Czech sociology]. Prague: Academia.
Pánek, Jaroslav, und Oldřich Tůma, Hrsg. 2009. *A history of the Czech lands*. Prague: Karolinum.
Sztompka, Piotr. 2010. One sociology or many? In *The ISA handbook of diverse sociological traditions*, Hrsg. Sujata Patel, 21–28. Los Angeles: Sage.
Turner, Stephen P., und Jonathan H. Turner. 1990. *The impossible science: An institutional analysis of American sociology*. Newbury Park: Sage.
Voříšek, Michael. 2012. *The reform generation. 1960s Czechoslovak sociology from a comparative perspective*. Prague: Kalich.

KAPITEL 2

Soziologie im Dienste der Nationsbildung: Das Vermächtnis von Tomáš Garrigue Masaryk

Zusammenfassung Die Anfänge der tschechischen Soziologie ab 1880 und die folgenden Jahrzehnte sind mit der akademischen und politischen Karriere von Tomáš Garrigue Masaryk verbunden, der 40 Jahre lang als einziger Professor der Disziplin an der tschechischen Universität in Prag lehrte. In Masaryks Denken war die Soziologie eng mit der Geschichtsphilosophie verknüpft, und beide sollten Leitlinien für das praktische Leben liefern. Masaryk und sein Schüler Edvard Beneš waren frühe öffentliche Soziologen, die sich mit der tschechischen Gesellschaft in einer Zeit intensiver nationalistischer Bestrebungen befassten. Obwohl sie behaupteten, dass die Soziologie ihr politisches Handeln wissenschaftlich begründete, betrieben sie Politik wie üblich, als sie an die Spitze der unabhängigen Tschechoslowakei traten. Die ersten institutionellen Grundlagen der tschechischen Soziologie wurden bereits vor dem Ersten Weltkrieg geschaffen, blieben jedoch schwach und brüchig.

Wenn es einer Begründung bedürfte, warum sich dieses Kapitel hauptsächlich um eine einzige Person dreht, so wäre die Antwort, dass wahrscheinlich in keinem anderen Land die Entstehung der Soziologie in gleichem Maße das Werk einer einzelnen Person war wie in der heutigen Tschechischen Republik. Tomáš Garrigue Masaryk (1850–1937) wählte um 1880 die Soziologie als sein akademisches Spezialgebiet (noch innerhalb der Philosophie), zu einer Zeit, als diese Disziplin in den großen westlichen Ländern noch in den Kinderschuhen steckte und in Österreich, zu dem die böhmischen Kronländer gehörten, ein absolutes Novum war. In den folgenden vier Jahrzehnten förderte TGM (wie er in der tschechischen Publizistik und Literatur genannt wird) das Wachstum der neuen Disziplin mit großem Engagement. Er verfasste die ersten tschechischen soziologischen Schriften – einige davon „ausdrücklich" soziologisch, viele andere mit einer „soziologischen Denkweise" (Nový 1968, S. 300) –, nutzte sein wissenschaftliches und politisches Gewicht, um das Ansehen dieses Faches zu erhöhen, und hielt vor mehreren Generationen begeisterter Studenten Vorlesungen zu soziologischen Themen. So wie der Einfluss der politischen Führungsfigur Masaryk auf die tschechische Gesellschaft nicht hoch genug eingeschätzt werden kann, so gilt dies auch für den Einfluss des Soziologen Masaryk auf die tschechische Soziologie. Die erste tschechische soziologische Vereinigung, die 1925 gegründet wurde, trug noch zu seinen Lebzeiten den Namen Masaryk-Gesellschaft für Soziologie.

Bei einer Darstellung der Ursprünge der tschechischen Soziologie darf ihr breit gefächertes außeruniversitäres Portfolio nicht außer Acht gelassen werden, das diese Disziplin in mancher Hinsicht den soziologischen Traditionen in den westlichen Kernländern ähnlich und in anderer Hinsicht sehr unterschiedlich erscheinen lässt. Wie in diesen anderen Ländern gab es eine enge Verbindung zwischen Soziologie und sozialem Reformismus sozialistischer oder religiöser Art oder sogar beidem gleichzeitig (siehe z. B. Turner 2014, Kap. 1). Doch ganz anders als in den großen westlichen Ländern war die tschechische Soziologie durch die Person Masaryks und seiner Anhänger eng mit dem Projekt der kulturellen, sozialen und politischen Emanzipation der tschechischen Nation verbunden. Diese Erwartung, dass die Soziologie eine politische Rolle spielen und einen konkreten Beitrag zur nationalistischen Sache leisten sollte, war in der tschechischen Gesellschaft von Anfang an vorhanden. Sie wurde noch intensiver, als die Nationsbildung nach der Niederlage Österreich-Ungarns im Ersten Weltkrieg 1918 nahtlos in die Staatsbildung überging.

Masaryks soziologisches Werk

Selbst ein glühender Masaryk-Verehrer wie der amerikanische Soziologe Earle Edward Eubank musste bereits ein Jahr nach Masaryks Tod zugeben, dass seine „Bedeutung als Soziologe von den Soziologen selbst fast vergessen wird" (Eubank 1938, S. 456), eine Feststellung, die Alan Wolfe ein halbes Jahrhundert später praktisch wiederholt hat (Wolfe in Masaryk 1994, S. ix). Die Hauptgründe, die Eubank für dieses frühe Vergessen des Soziologen Masaryk im Gegensatz zum Politiker Masaryk anführte, waren TGMs Verdienste als „Staatsgründer", „Volksbefreier" und viermal gewählter Präsident der Tschechoslowakei (diese mehrfache Wahl war nur eines der besorgniserregenden Merkmale eines politischen Systems, das in den 1930er-Jahren die einzige Demokratie in Mitteleuropa war, was nicht zuletzt Masaryks Einfluss zu verdanken war, das aber immer noch eine ganze Reihe von Mängeln aufwies, siehe Bugge 2007). Das Argument, dass Masaryk in politischen Angelegenheiten zu erfolgreich war, um hauptsächlich für seine akademischen Beiträge in Erinnerung zu bleiben, mag plausibel sein, lässt aber die Frage nach Masaryks wirklicher Bedeutung als Soziologe unbeantwortet.

In Bezug auf Masaryks Beitrag zur akademischen Soziologie scheinen drei Punkte besonders wichtig zu sein: (1) Obwohl Masaryk ein umfangreiches und brillantes Werk verfasst hat, das in seiner Gesamtheit von soziologischer Relevanz ist, hat er ein eher begrenztes Erbe im Bereich dessen hinterlassen, was die Soziologie später zu seinen Lebzeiten und nach seinem Tod werden sollte; (2) Einige von Masaryks wichtigsten philosophischen und soziologischen Ideen (er unterschied zwischen diesen beiden, sah sie aber als eng miteinander verbunden an) sind zutiefst ambivalent oder geradezu widersprüchlich, eine Tatsache, die diesen Ideen vielleicht ihre außerordentliche Vitalität im praktischen politischen Leben verliehen hat, die aber gleichzeitig ein Hindernis für die Entwicklung der tschechischen Soziologie nach Masaryk darstellte; (3) Während Masaryks Rolle als intellektueller und institutioneller Begründer der tschechischen Soziologie unbestritten ist, waren seine kraftvolle, facettenreiche Persönlichkeit (die das ausstrahlte, was Roman Szporluk treffend als „Masaryk-Mystik" bezeichnete – 1981, S. 237, Fn. 59) und sein politischer Einfluss wichtigere Faktoren, um der neu gegründeten Disziplin zu einem gewissen Status zu verhelfen, als sein intellektueller Beitrag zur Soziologie an sich (zu einer entsprechenden Diskussion über Masaryk als Philosoph siehe Kohák 2008, Kap. 4).

In der Tat hat Masaryk aufgrund seiner ausgeprägten praktischen Veranlagung nur eine Handvoll Texte verfasst, die als reine akademische Soziologie eingestuft werden können. Seine frühe Monografie über den Selbstmord, die als Habilitationsschrift für Philosophie an der Universität Wien angenommen wurde, ist alles andere als eine objektive Studie (Masaryk 1881).[1] Dieses Buch ist eine leidenschaftliche Anklage gegen die moralische und religiöse Malaise der Moderne, für die er, wie es für Masaryk charakteristisch ist, in einer neuen, vom Protestantismus abgeleiteten Form der aufgeklärten Religion ein Heilmittel zu finden suchte (siehe Giddens 1970). Fast unmittelbar nach seiner Übersiedlung nach Prag im Jahr 1882, um den Lehrstuhl für Philosophie („Im Grunde hätte ich lieber den Lehrstuhl für Soziologie gehabt, aber den gab es in Österreich nicht", Masaryk und Čapek 1936, S. 87) an der neu gegründeten tschechischen Universität zu übernehmen, wurde Masaryk tief in die politischen Kämpfe der entstehenden tschechischen Nation verwickelt, die ihn für den Rest seines langen Lebens beschäftigten.

Der Preis dafür war für den akademischen Soziologen Masaryk nicht gering: Seine ehrgeizigste erkenntnistheoretische Abhandlung, *Der Versuch einer konkreten Logik* (1885, revidierte deutsche Ausgabe 1887), in der er dem Psychologismus, der seiner Konzeption der Soziologie zugrunde lag, Ausdruck verlieh, wurde in aller Eile während eines Urlaubs geschrieben (Masaryk und Čapek 1936, S. 108). Sein zweiter und letzter Versuch, die erkenntnistheoretischen und methodologischen Grundlagen des Faches auszuarbeiten, das *Handbuch der Soziologie* (1900), das als eine Reihe von Zeitschriftenartikeln erschien, blieb unvollendet. Für Masaryks substanzielle soziologische Beiträge muss man seine zahlreichen religionsphilosophischen, kulturgeschichtlichen und politisch-theoretischen Arbeiten sowie seine politischen Pamphlete heranziehen. Sicherlich betrachtete Masaryk jede dieser Schriften als soziologisch, solange sie das Element einer unvoreingenommenen „wissenschaftlichen" Analyse sozialer und historischer Tatsachen enthielten (ein Ansatz, den er und seine Anhänger als „kritischen Realismus" bezeichneten). In diesem Sinne sind die meisten seiner Arbeiten soziologisch. Im Hinblick auf die spätere Entwicklung der akademischen Soziologie kann man jedoch mit Fug und Recht behaupten, dass das soziologische Werk nur einen kleinen Teil des produktiven Schaffens des Begründers der tschechischen Soziologie ausmacht (Nový 1968).

Masaryk und Beneš: Öffentliche Soziologen oder Politiker?

Wie viele andere Soziologen seiner Zeit war auch Masaryk ein Sozialreformer. Man könnte sogar sagen, dass er in das Schema der angloamerikanischen reformorientierten Sozialwissenschaftler passt, da er von seiner Frau Charlotte Garrigue aus Neuengland und seinen zahlreichen Verbindungen nach Übersee beeinflusst wurde. Vor allem aber war er eine mitteleuropäische politische Führungsfigur, oder, um es drastischer auszudrücken, ein Kämpfer für die nationale Unabhängigkeit, der zum Gründer eines neuen Landes wurde, etwas, das nur sehr wenige andere Soziologen zu seiner oder irgendeiner anderen Zeit auch nur annähernd erreicht haben. Masaryks Schriften sind in nicht geringem Maße von einer Geschichtsphilosophie durchdrungen, die eine intellektuelle Rechtfertigung für sein nationalistisches politisches Programm darstellt. Wie einer von Masaryks viel jüngeren Zeitgenossen, Karel Galla, treffend bemerkte (1968, S. 278), war die Soziologie für Masaryk „ein Bindeglied, das zwischen Philosophie und Praxis vermittelt". Wie aus seinem *Handbuch der Soziologie* hervorgeht, betrachtete er die Geschichtsphilosophie bereits in den frühen Stadien seiner geistigen Entwicklung als Teil der Soziologie:

> Fragen nach der Teleologie und der Logik der Entwicklung werden von einigen Soziologen in den Bereich der Metaphysik verwiesen …. Ich kann nun kurz sagen, dass es die Soziologie ist, die all diese Fragen untersuchen sollte, und nicht irgendeine überwissenschaftliche ‚Philosophie' oder ‚Metaphysik' der Geschichte. Natürlich habe ich nichts gegen die Terminologie; es geht immer darum, die Bedeutung der Geschichtsphilosophie als Teil der Soziologie richtig zu verstehen und nicht als eine Wissenschaft oder einen Teil der Philosophie neben und über der Soziologie. (Masaryk 1994, S. 112)

In seinen Schriften über die tschechische Nation entwickelte Masaryk eine religiös begründete Geschichtsphilosophie, die von der Annahme ausging, dass die Geschicke der nationalen Kollektive von der Vorsehung gelenkt werden, die sich auf die Seite derjenigen Nationen stellt, die sich dem Ideal des demokratischen Humanismus verpflichtet fühlen (Masaryk 1994, S. 280, 292). Hier zeigt sich die problematischste Seite von Masaryks Vermächtnis: In seinem Werk vermischen sich Soziologie, philosophische Spekulation, historische Konstruktion, religiöse Überzeugung, politischer Feldzug und moralischer Kreuzzug unentwirrbar; auf Tatsachenbehauptungen folgen Werturteile, und all dies ist verwirrend in eine Sprache gekleidet, die weitgehend dem positivistischen Szientismus entlehnt ist. So lautete die Kritik einiger Gegner Masaryks in der langen Debatte über den „Sinn der tschechischen Geschichte", die 1895 durch die Veröffentlichung von Masaryks historisch-politischer Studie *Die tschechische Frage* ausgelöst wurde und an der einige der bedeutendsten tschechischen Intellektuellen mehrerer aufeinander folgender Generationen beteiligt waren – übrigens nur sehr wenige Soziologen (Havelka 1995, 1999, S. 234).

Masaryk und sein engster Schüler sowohl in der Soziologie als auch in der Politik, Edvard Beneš, können als Beispiele für die frühen „öffentlichen Soziologen" angesehen werden, aber diese anachronistische Bezeichnung sollte nicht zu weit gehen. In Anlehnung an die einflussreiche Unterscheidung von Michael Burawoy kann man argumentieren, dass Masaryk und Beneš unter österreichischer Herrschaft sowohl den traditionellen als auch den organischen Typus des öffentlichen Soziologen repräsentierten. Sie waren Angehörige der nationalen Bildungselite, die mit ihren akademischen Schriften, ihrer Publizistik und ihren politischen Aktivitäten die öffentliche Debatte im Sinne der traditionellen öffentlichen Soziologen gestalten wollten. Aber aus einem anderen Blickwinkel betrachtet, waren sie Intellektuelle, die organisch mit der tschechischen Nation verbunden waren, die, um noch einmal Eubank (1938, S. 460) zu zitieren, zum „Untertanenvolk" der österreichisch-ungarischen Monarchie gehörte. Wenn der organische öffentliche Soziologe, wie er von Burawoy (2005, S. 7) beschrieben wird, „in enger Verbindung mit einer sichtbaren, dichten, aktiven, lokalen und oft gegensätzlichen Öffentlichkeit arbeitet", dann ist dies genau das, was Masaryk und Beneš in den Jahren vor dem Ersten Weltkrieg taten, als die „organische" oder „kleine Arbeit" und die „Sozialisierung" der tschechischen Nation das Kernstück des politischen Programms von TGM bildeten (Masaryk 1994, S. 290, 334; Havelka 1999, S. 228, Fn. 3). Doch als eine spektakuläre Wendung des Schicksals Masaryk und Beneš 1918 in die Position der beiden mächtigsten politischen Führungsfiguren ihres neu gegründeten Landes katapultierte, scheint es nicht mehr angemessen, sie in die Kategorie der öffentlichen Soziologen einzuordnen. Sie wurden plötzlich zu Herrschern, und dieser Wandel konnte nicht umhin, einen tiefen Konflikt mit ihrer soziologischen Identität hervorzurufen.

Masaryk diente von 1918 bis 1935 als Präsident der Tschechoslowakei. Beneš war während Masaryks Amtszeit Außenminister bzw. Ministerpräsident und von 1935 bis 1948 Präsident, mit einer kriegsbedingten Unterbrechung, die er hauptsächlich als Vorsitzender der tschechoslowakischen Exilregierung in London verbrachte. In all dieser Zeit betonten sie immer wieder, dass ihr politisches Handeln auf einer wissenschaftlichen Grundlage beruhte, die die Soziologie lieferte. Beneš charakterisierte die gemeinsamen Grundlagen ihrer politischen Praxis mit Worten, die eindeutig seine Überzeugung erkennen lassen, dass gute Politik auf einer „soziologischen Ausbildung, der selbstbewussten Ausübung von Politik als praktischer Soziologie, der konsequenten Anwendung der wissenschaftlichen Methode der Soziologie, ergänzt freilich durch eine Philosophie und eine Geschichtsphilosophie ..." (Beneš 1936, S. 16) beruhte. Dieses Zitat zeigt aber auch, dass Beneš wie Masaryk der Meinung war, dass das praktische Handeln von einer kühnen historischen Vision geleitet werden muss, die die wissenschaftliche Soziologie allein nicht liefern kann. Nur mit einer Geschichtsphilosophie könne ein Politiker Größe erreichen (ebd., S. 10).

In der Praxis neigten jedoch sowohl Masaryk als auch Beneš dazu, der *Realpolitik* größere Zugeständnisse zu machen, als sie zugeben wollten. In seinem Kampf für die tschechoslowakische Unabhängigkeit während des Ersten Weltkriegs und dann als Präsident setzte Masaryk oft Strategien und Propaganda ein, um seine Erfolgschancen zu maximieren; er scheute nicht vor kleinlicher Politik zurück und förderte bewusst den Kult um seine eigene Person (Klimek 2002; Orzoff 2009). Als politische Führungsfigur musste er Entscheidungen treffen, die nicht alle Gruppen der tschechoslowakischen Bürger gleichermaßen zufriedenstellen konnten, und einige dieser Gruppen fühlten sich dadurch stärker beeinträchtigt als andere: Deutsche, Slowaken, Katholiken, Kommunisten. Sein Nachfolger Beneš stand als Präsident der Tschechoslowakei vor noch größeren politischen Dilemmata. Kontrovers sind seine Entscheidungen, das Land im September 1938 nicht gegen Hitler zu verteidigen, die Sudetendeutschen 1945 zu vertreiben und 1948 die politische Macht an die Kommunistische Partei zu übergeben. Es wäre schwierig nachzuweisen – und würde sicherlich kein gutes Licht auf die Soziologie werfen –, dass diese harten Entscheidungen (sofern es sich überhaupt um Entscheidungen handelte) auf einer „wissenschaftlichen" soziologischen Grundlage beruhten.

Trotz dieser Vorbehalte wäre es Masaryk und Beneš gegenüber nicht fair, sie als einfache Politiker zu betrachten und das Land, das sie geschaffen haben, als „gescheiterten Staat" abzuschreiben (Heimann 2009). Die Tschechoslowakei der Zwischenkriegszeit verfügte über eine unvollkommene, national geprägte Demokratie („Nationalismus mit menschlichem Antlitz", wie Szporluk (1981) es nannte), aber sie war dennoch eine Demokratie, deren liberales Klima in den 1920er-Jahren Emigranten aus Rotrussland (darunter Pitirim Sorokin, Georges Gurvitch und Roman Jakobson) und in den 1930er-Jahren aus Deutschland und Österreich anzog. Bis zum Verlust der eigenen Unabhängigkeit diente die Tschechoslowakei als vorübergehender Zufluchtsort und Fluchtweg für deutsche und österreichische Juden und Antifaschisten (Becher und Heumos 1992). Der Kult um TGM war exzessiv und in seinen extremen Formen sogar geschmacklos. Aber Masaryk genoss auch den Respekt vieler führender Köpfe der damaligen Zeit, darunter auch Soziologen. „Es ist erstaunlich", bemerkte Leopold von Wiese, als Masaryk 80 Jahre alt wurde, „wie viel über das Denken und Handeln dieses großen Gelehrten und Staatsmannes geschrieben worden ist" (von Wiese in Mertl 1931/1932, S. 110).

Schaffung der institutionellen Grundlagen

Die tschechische Soziologie vor der Unabhängigkeit im Jahr 1918 existierte hauptsächlich in und durch die Person Masaryks und seines Kreises von Mitarbeitern, Studenten und Anhängern (siehe Nešpor 2014). Die einzige Universität, an der 7 Millionen tschechischsprachige Geistes- und Sozialwissenschaften in tschechischer Sprache studieren konnten (letztere, einschließlich der Soziologie, nur in einer unausgereiften Form), war der tschechische Zweig der alten Prager Universität. Weder der tschechische noch der deutsche Zweig der Universität hatten einen Lehrstuhl für Soziologie. Soziologie wurde nur gelehrt, weil Masaryk, der einen Lehrstuhl für Philosophie innehatte, einen Teil seiner Vorlesungen soziologischen Themen widmete. Seine erste Vorlesung zum Thema „Praktische Philosophie auf der Grundlage der Soziologie" hielt er im Studienjahr 1884/1885, drei Jahre bevor Émile Durkheim in Frankreich seine ersten Vorlesungen über Soziologie hielt. Einen Studiengang oder Abschluss in Soziologie gab es jedoch erst weit nach 1918. In den Jahren vor dem Ersten Weltkrieg wurde dieser Mangel teilweise durch Selbsthilfeaktivitäten behoben, vor allem durch die 1911 gegründete gemeinsame soziologische Sektion des Verbands der tschechoslowakischen Studenten und des Verbands der akademisch gebildeten Frauen, der von TGMs Tochter Alice Masaryk, selbst eine „angewandte Soziologin", geleitet wurde. Alice Masaryk, mütterlicherseits Halbamerikanerin, verbrachte 1904/1905 über ein Jahr an der University of Chicago Social Settlement, wo sie unter anderem Jane Addams, Charles Richmond Henderson und George Herbert Mead kennenlernte. Tief beeinflusst vom Geist des Chicagoer Sozialreformismus, wurde sie zu einer führenden Persönlichkeit in der Entwicklung der Sozialarbeit und des öffentlichen Gesundheitswesens in den böhmischen Ländern und später in der Tschechoslowakei. Trotz einer Ausbildung, die der ihrer männlichen Kollegen gleichwertig oder sogar überlegen war, konnte sie in der immer noch ausschließlich männlichen Welt der tschechischen akademischen Soziologie keine Karriere anstreben (Lovčí 2008, S. 63–67, 111–116; Keith 1991).

Die Stellung des Fachs an der tschechischen Universität in Prag verbesserte sich kurz vor dem Ersten Weltkrieg, als zwei von Masaryks Schülern die *venia legendi* erhielten, beide in Philosophie, aber mit einem Schwerpunkt in Soziologie. Der erste von ihnen, Břetislav Foustka (1862–1947), wurde 1905 zum *Dozenten* [2] ernannt und wurde zu einer wichtigen Figur beim späteren institutionellen Ausbau der tschechischen Soziologie. Foustka war ein führendes Mitglied von Abstinenz- und Anti-Prostitutionsvereinen sowie von Klubs der tschechischen intellektuellen Elite. Sein wichtigster Beitrag zum Fachgebiet war das Buch *Die Schwachen in der menschlichen Gesellschaft* (Foustka 1904), in dem er den Sozialdarwinismus vom Standpunkt der humanistischen Philosophie Masaryks aus kritisierte, und die Übersetzung von Franklin Giddings' Abhandlung *Die Prinzipien der Soziologie* (1900), die fast drei Jahrzehnte lang die einzige Übersetzung eines wichtigen Werks der amerikanischen Soziologie in tschechischer Sprache war.

Der zweite Schützling Masaryks, der sich an der Tschechischen Universität in Prag habilitierte, war Edvard Beneš (1884–1948). Beneš war in seinen frühen Jahren als akademischer Schriftsteller produktiv, was in einem Buch über politische Parteien gipfelte, das die Grundlage für seine Beförderung zum Dozenten im Jahr 1913 bildete (Beneš 1912; Olivová 1998). Nach dem Ausbruch des Ersten Weltkriegs ging er, auf den Spuren von TGM, ins französische Exil, wo er bald zu einer der Führungsfiguren der tschechoslowakischen Unabhängigkeitsbewegung wurde. Diplomatie und Politik sollten für den Rest seines Lebens seine Hauptaufgaben bleiben.

Alles in allem war die tschechische Soziologie vor 1918 eine wachsende Disziplin, zu deren Aktivposten Masaryk, zwei *Privatdozenten*, mehrere jüngere Akademiker (die prominentesten von ihnen werden im nächsten Kapitel vorgestellt) und eine relativ große Zahl von Anhängern unter den Universitätsstudenten gehörten. Nichtsdestotrotz war die Disziplin noch weit von einer vollständigen akademischen Institutionalisierung entfernt, wie die Klagen von Emanuel Chalupný, einem der eifrigsten Verfechter der Soziologie, in der Mitte des Ersten Weltkriegs belegen:

> Die Bestände an soziologischer Literatur in den größten österreichischen Bibliotheken sind recht ungeordnet und unvollständig: In der Prager Bibliothek fehlt mehr als die Hälfte, in der Wiener Bibliothek mindestens ein Drittel der wichtigsten Schriften dieser Disziplin, von den weniger wichtigen Schriften ganz zu schweigen. Spezialbibliotheken für die Soziologie (wie die eines Universitätsseminars) gibt es nicht. Und es ist müßig, gerade in dieser schwierigen Zeit zu beschreiben, mit welchen Schwierigkeiten diejenigen konfrontiert sind, die sich mit wissenschaftlicher Literatur aus dem Ausland versorgen wollen. In dieser Situation, in der sich die Schulrichtlinien nicht um eine systematische Ausbildung in der Soziologie kümmern, in der selbst diejenigen, die sich dieser Wissenschaft mit besonderem Eifer widmen, nicht über die notwendigen Hilfsmittel verfügen, um ihren Schritten in angemessener Weise zu folgen, und in der selbst Dozenten der Soziologie gezwungen sind, sich unter dem weit gefassten Etikett der Philosophie oder ähnlichem zu habilitieren, darf man sich nicht wundern, dass in der Soziologie leeren Klischees und Scharlatanerie Tür und Tor geöffnet sind …. (Chalupný 1916, zitiert in Voráček 1999, S. 113)

Im Gegensatz zu anderen mitteleuropäischen Ländern, in denen einige der wichtigsten Vertreter der frühen Soziologie Marxisten waren (z. B. Kazimierz Kelles-Krauz und Ludwik Krzywicki in Polen oder Otto Bauer und Karl Renner in Österreich), waren im tschechischen Fall Soziologie und Marxismus fast vollständig voneinander getrennt. Als der kommunistische Soziologiehistoriker Antonín Vaněk versuchte, eine Geschichte der tschechischen marxistischen Soziologie zu schreiben, musste er sich mit einer Handvoll eher marginaler Figuren aus der Zwischenkriegszeit begnügen (Vaněk 1985, S. 72–76). Diese Distanz zwischen Soziologie und Marxismus resultierte aus der politischen Orientierung Masaryks, der zwar zum Sozialismus tendierte, der aber ein ausgesprochen reformistischer und religiöser Sozialismus war. Masaryk wandte sich in vielen seiner Schriften gegen den historischen Materialismus, die Idee einer revolutionären

Umgestaltung der Gesellschaftsordnung und die marxistische Religionskritik, am systematischsten in *Die soziale Frage* (1898), seiner einflussreichen zweibändigen Abhandlung über die „Krise des Marxismus". Da die Soziologie gewissermaßen „Masaryks Wissenschaft" war, zeigten nur sehr wenige Anhänger dieser neuen Disziplin marxistische Neigungen; und umgekehrt hatten die Anhänger des Marxismus weder vor Masaryk noch vor der Soziologie Respekt.

Schlussfolgerung

Die Allianz zwischen dem positivistischen Szientismus und der Geschichtsphilosophie, auf der Masaryks Soziologie aufbaute, ist einer der produktivsten, aber auch potenziell schädlichsten Aspekte seines Werks, auch wenn sie größtenteils rhetorischer Natur war. Die Produktivität dieses Bündnisses wurde von Lubomír Nový (1968, S. 305) hervorgehoben, demzufolge der „Doppelcharakter" von Masaryks Soziologie den Weg für zwei verschiedene Arten der soziologischen Entwicklung ebnete: das Aufkommen der empirischen Sozialforschung und die Kultivierung des Interesses an der Soziologie unter den tschechischen Philosophen, Theologen und – man könnte hinzufügen – Historikern. Dies ist zweifellos richtig, aber es ist auch so, dass die Auffassung der Soziologie als eine verfeinerte Form der Geschichtsphilosophie (die sich von der unwissenschaftlichen Geschichtsphilosophie dadurch unterscheidet, dass sie von einem gebildeten kritischen Geist betrieben wird) und das Prestige, das dieser Auffassung durch die Figur des TGM verliehen wurde, die Entwicklung der tschechischen Soziologie behindert hat, seit die internationale Soziologie ihr spekulativ-philosophisches Stadium hinter sich gelassen hat. Die extrem weit gefasste und verwässerte Sichtweise der Soziologie, die in der Masaryk'schen Tradition verankert wurde, hielt sich unter seinen Anhängern noch lange nach TGMs Tod und führte zu einem scharfen Konflikt mit den jüngeren Vertretern der Soziologie als empirische Wissenschaft. In den Augen der Öffentlichkeit war die Soziologie in etwa gleichbedeutend mit der wissenschaftlich fundierten Verfolgung politischer Ziele im Dienste der tschechischen Nation und des Staatsaufbaus.

Es wäre natürlich nicht fair, Masaryk allein die Schuld an diesem Zustand zu geben. Sein Schicksal war das eines dominanten Gründervaters, dessen intellektuelle Nachkommen nicht in der Lage waren, sich rechtzeitig von ihm zu emanzipieren – eine Voraussetzung für den weiteren Fortschritt der Disziplin. Das spezifische Problem der tschechischen

Soziologie in der ersten Hälfte des 20. Jahrhunderts bestand darin, dass Masaryks außerordentlicher Status als Politiker und nationales Symbol es seinen soziologischen Nachkommen praktisch unmöglich machte, aus seinem langen Schatten herauszutreten. Masaryks Autorität war einer der Hauptfaktoren, der die Generation seiner Schüler für lange Zeit in Macht- und Einflusspositionen hielt und die Schüler seiner Schüler in einer untergeordneten Position. Anders als beispielsweise in den Vereinigten Staaten in der Zwischenkriegszeit, wo jüngere Soziologen die ältere Generation erfolgreich herausforderten (Turner 2007, S. 139), gab es in der tschechischen Soziologie im selben Zeitraum zwar viele Generationenkonflikte, aber nur wenig Personalaustausch über die Generationsgrenzen hinweg. Dies ist eine der Geschichten, die im nächsten Kapitel erzählt werden sollen.

Notes

1. In der tschechischen Literatur wird dieses Buch allgemein als die Geburtsstunde der tschechischen Soziologie angesehen. Es sei darauf hingewiesen, dass die wichtigste Figur der proto-soziologischen Periode vor Masaryk der tschechisch-deutsche Pädagoge Gustav Adolf Lindner (1828–1887) war. Der heute fast vergessene Lindner war der Autor von weit verbreiteten Lehrbüchern für österreichische Gymnasien, was ihn für ganze Generationen von Schülern, darunter auch Sigmund Freud und Georg Simmel, einflussreich machte. Sein Handbuch der Psychologie war ein beliebtes Lehrbuch an US-amerikanischen Colleges des späten 19. Jahrhunderts (Jahoda 2007, S. 57–62; Roucek 1945, S. 718).
2. Gemäß einer mitteleuropäischen Tradition, die sich am deutschen akademischen Modell orientiert, ist der *Dozent* an den tschechischen Universitäten ein akademischer Titel, der seinen Inhaber befähigt, Universitätsvorlesungen in einem bestimmten Fachgebiet zu halten. Seit dem späten 19. Jahrhundert wurde der Titel von den Professoren einer Fakultät (vorbehaltlich der Genehmigung durch das Bildungsministerium) in einem als *Habilitation* bezeichneten Verfahren verliehen, das die Vorlage einer wissenschaftlichen Veröffentlichung und einen formellen Vortrag voraussetzte. Die meisten Dozenten waren unbesoldete *Privatdozenten*, die im Gegensatz zu den ordentlichen Professoren, die Staatsbedienstete waren, keinen Anspruch auf eine Vergütung außer den Gebühren für ihre Vorlesungen hatten (Durdík 1893, S. 745).

Literatur

Becher, Peter, und Peter Heumos, Hrsg. 1992. *Drehscheibe Prag. Zur deutschen Emigration in der Tschechoslowakei 1933–1939*. München: Oldenbourg.
Beneš, Edvard. 1912. *Strannictví: sociologická studie* [Political partisanship: A sociological study]. Prague: Forejtek and Beneš.
———. 1936. Sociolog-teoretik a politik-praktik [Theoretical sociologist and practical politician]. *Sociologická revue* 7(1–2): 7–20.
Bugge, Peter. 2007. Czech democracy 1918–1938 – Paragon or parody? *Bohemia* 47(1): 3–28.
Burawoy, Michael. 2005. For public sociology. *American Sociological Review* 70(1): 4–28.
Chalupný, Emanuel. 1916. O nynějším stavu sociologie [On current state of sociology]. *Národní listy* 2 April(92): 11.
Durdík, Petr. 1893. Docent. In *Ottův slovník naučný* [Otto's encyclopaedia], Bd. VII, 745. Prague: J. Otto.
Eubank, Earle Edward. 1938. Thomas Garrigue Masaryk: Sociologist. *Social Forces* 16(4): 455–462.
Foustka, Břetislav. 1904. *Slabí v lidské společnosti: ideály humanitní a degenerace národů* [The weak in human society: Humanistic ideals and the degeneration of nations]. Prague: Jan Laichter.
Galla, Karel. 1968. Vývojové tendence české sociologie [Developmental tendencies of Czech sociology]. *Sociologický časopis* 4(3): 273–287.
Giddens, Anthony. 1970. Introduction. In *Suicide and the meaning of civilization*, Hrsg. Thomas G. Masaryk, xix–xli. Chicago: University of Chicago Press.
Havelka, Miloš, Hrsg. 1995. *Spor o smysl českých dějin 1895–1938* [The controversy about the meaning of Czech history]. Prague: Torst.
———. 1999. Tschechische Soziologie im gesellschaftlichen Wandel. In *Jahrbuch für Soziologiegeschichte 1995*, 223–253. Opladen: Leske + Budrich.
Heimann, Mary. 2009. *Czechoslovakia: The state that failed*. New Haven: Yale University Press.
Jahoda, Gustav. 2007. *A history of social psychology: From the eighteenth-century enlightenment to the second world war*. Cambridge: Cambridge University Press.
Keith, Bruce. 1991. Alice Masaryk (1879–1966). In *Women in sociology*, Hrsg. Mary Jo Deegan, 298–305. Westport, CT: Greenwood Press.
Klimek, Antonín. 2002. *Velké dějiny zemí Koruny české XIV, 1929–1938* [Great history of the lands of the Bohemian Crown XIV, 1929–1938]. Prague/Litomyšl: Paseka.
Kohák, Erazim. 2008. *Hearth and horizon: Cultural identity and global humanity in Czech philosophy*. Prague: Filosofia.
Lovčí, Radovan. 2008. *Alice Garrigue Masaryková: život ve stínu slavného otce* [Alice Garrigue Masaryk: A life in the shadow of the famous father]. Prague: Togga.

Masaryk, Thomas Garrigue, und Karel Čapek. 1936. *Masaryk erzählt sein Leben: Gespräche mit Karel Čapek*. Aus dem Tschechischen übersetzt von Camill Hoffmann. Zürich: Büchergilde Gutenberg.
Masaryk, Thomas Garrigue. 1881. *Der Selbstmord als sociale Massenerscheinung der modernen Civilisation*. Wien: Carl Konegen.
Masaryk, Thomas Garrigue. 1994. *Constructive sociological theory: Forgotten legacy of Thomas G. Masaryk*, Hrsg. Alan Woolfolk und Jonathan B. Imber. New Brunswick, NJ: Transaction Publishers.
Masaryk, Thomas Garrigue, und Karel Čapek. 1995. *Talks with T.G. Masaryk*, Hrsg. Michael Henry Heim, (trans: Dora Round). North Haven, CT: Cat Bird Press.
Mertl, Jan. 1931/1932. Neuerscheinungen aus der tschechischen soziologischen Literatur. *Kölner Vierteljahrshefte für Soziologie* 10:110–117.
Nešpor, Zdeněk R. 2014. Česká sociologie před první světovou válkou [Czech sociology before WWI]. In *Dějiny české sociologie* [The history of Czech sociology], Hrsg. Zdeněk R. Nešpor, 39–63. Prague: Academia.
Nový, Lubomír. 1968. Masaryk jako sociolog [Masaryk as a sociologist]. *Sociologický časopis* 4(3): 297–306.
Olivová, Věra. 1998. Univerzitní dráha Edvarda Beneše [Edvard Beneš's university career]. In *Přednášky na Univerzitě Karlově 1913–1948* [Lectures at Charles University, 1913–1948], Hrsg. Edvard Beneš, 9–32. Prague: Společnost Edvarda Beneše.
Orzoff, Andrea. 2009. *Battle for the castle: The myth of Czechoslovakia in Europe, 1914–1948*. Oxford: Oxford University Press.
Roucek, Joseph S. 1945. Czechoslovak sociology. In *Twentieth century sociology*, Hrsg. Georges Gurvitch und Wilbert Ellis Moore, 717–731. New York: Philosophical Library.
Szporluk, Roman. 1981. Masaryk's republic: Nationalism with a human face. In *T. G. Masaryk in perspective: Comments and criticism*, Hrsg. Milič Čapek und Karel Hrubý, 219–239. Ann Arbor, MI: SVU Press.
Turner, Stephen. 2007. A life in the first half-century of sociology: Charles Ellwood and the division of sociology. In *Sociology in America: A history*, Hrsg. Craig Calhoun, 115–154. Chicago: University of Chicago Press.
———. 2014. *American sociology: From pre-disciplinary to post-normal*. Basingstoke: Palgrave Macmillan.
Vaněk, Antonín. 1985. *Kapitoly z dějin české a slovenské sociologie* [Chapters from the history of Czech and Slovak sociology]. Prague: Charles University.
Voráček, Emil. 1999. Emanuel Chalupný, problémy rozvoje sociologie v Československu 20. let a vznik Masarykovy sociologické společnosti [Chalupný, the problems related to the development of sociology in 1920s Czechoslovakia and the establishment of Masaryk Sociological Society]. In *Emanuel Chalupný, česká kultura, česká sociologie a Tábor*, Hrsg. Josef Zumr, 107–130. Prague: Filosofia.

KAPITEL 3

Ein falscher Anfang? Wachstum und Zerstörung der tschechischen Soziologie 1918–1950

Zusammenfassung Die Institutionalisierung der Soziologie machte im neuen unabhängigen tschechoslowakischen Staat nach 1918 große Schritte nach vorn. Die ersten Professoren wurden berufen, die Soziologie wurde zu einer anerkannten akademischen Disziplin, und ein nationaler Verband wurde gegründet. An den Universitäten in Prag und Brünn bildeten sich zwei antagonistische Zentren heraus, die jeweils ihre eigene soziologische Zeitschrift herausgaben. Die folgenreichste Spannung in der Zwischenkriegszeit war jedoch die zwischen der philosophischen Soziologie der Masaryk-Anhänger und der empirischen Soziologie, die von der jüngeren, um 1900 geborenen Generation vertreten wurde. Nach der Befreiung 1945 erlebte die Soziologie einen weiteren Aufschwung. Doch trotz ihrer sozialistischen Neigungen wurde die Disziplin nach 1948 von den kommunistischen Machthabern zerschlagen.

Wer sich mit der Geschichte der tschechischen Soziologie befasst, kennt die enthusiastischen Worte, mit denen Howard Becker den Zustand der Disziplin in der Tschechoslowakei kurz vor Ausbruch des Zweiten Weltkriegs beurteilte: „… es gibt kein Land von gleicher Größe, das eine so beeindruckende Liste zeitgenössischer Soziologen oder eine solche Bandbreite und Intensität soziologischer Aktivitäten vorweisen kann" (Becker und Barnes [1938] 1961, S. 1067). Rückblickend ist es offensichtlich, dass Beckers Einschätzung schon bald nach Verlassen der Druckerei überholt war: Die Soziologie wurde durch die Schließung der tschechischen Universitäten, die Teil des Angriffs auf die intellektuelle Elite des Landes während der Nazi-Besatzung 1939–1945 war, schwer getroffen; schlimmer noch, die Machtübernahme durch die Kommunisten nach 1945 führte dazu, dass die Soziologie vollständig abgeschafft und aus dem offiziellen akademischen Leben verbannt wurde. Aber Beckers Worte sind selbst dann etwas überzogen, wenn man sie nur auf die Zeit vor 1938 bezieht. In diesem Kapitel zeigen wir, dass die Soziologie in der Tschechoslowakei der Zwischenkriegszeit ein relativ fortgeschrittenes Stadium der Institutionalisierung erreicht hat, aber wir argumentieren auch, dass das Potenzial für ihre Expansion und ihr Wachstum stark eingeschränkt war. Die Gründe dafür waren nicht nur die sprichwörtliche Trägheit der akademischen Institutionen in Mitteleuropa oder der Mangel an Ressourcen, die der neu gegründete Staat für die Entwicklung einer neuen Disziplin ausgeben konnte und wollte; die Hauptursache für diese Einschränkung war interner Natur: das Fortbestehen der Masaryk'schen Konzeption der Soziologie, die dem Projekt der tschechischen Nations- und Staatsbildung verhaftet blieb.

In der Literatur zur Soziologie in der Ersten Tschechoslowakischen Republik (1918–1938) wird häufig der Antagonismus zwischen zwei geografischen Zentren betont: den Universitäten in Prag und Brünn (Nešpor 2011; Janák 2013). Man könnte meinen, dass diese Polarität weitgehend durch die Rivalität zwischen der Hauptstadt Prag und dem regionalen Zentrum Brünn erklärt werden kann, oder besser gesagt, durch die komplexe Dynamik der Beziehungen zwischen Zentrum und Peripherie innerhalb eines Nationalstaats. Diese geografische Spannung ist jedoch von untergeordneter Bedeutung. Der Konflikt, der den Charakter und die Möglichkeiten der tschechischen Soziologie der Zwischenkriegszeit definierte, war der zwischen jenen, die die Soziologie als angewandte Sozialphilosophie im Dienste der nationalen Gemeinschaft sahen, oft mit einer moralisierenden und religiös begründeten Agenda, und jenen, die Soziologie als „objektive", säkulare und empirische Sozialwissenschaft betreiben wollten (vgl. Petrusek 2002, S. 10). Dabei handelte es sich weitgehend um einen Generationskonflikt zwischen den um 1890 oder früher geborenen Schülern und Anhängern von Tomáš G. Masaryk und der um 1900 geborenen jüngeren Kohorte, die sich von der Entwicklung der Disziplin in den fortschrittlichsten westlichen Ländern inspirieren ließ.

Zwei Vorbemerkungen sind angebracht. Erstens sind Begriffe wie „tschechische" Soziologie oder „tschechische" Universitäten in Bezug auf die Zwischenkriegszeit anachronistisch, denn gemäß der offiziellen Ideologie des tschechoslowakischen Staates, der die tschechischen Soziologen ausnahmslos anhingen, waren Universitäten, akademische Disziplinen, Zeitschriften usw. tschechoslowakisch. Da wir uns jedoch auf soziologische Aktivitäten und Institutionen konzentrieren, die im Gebiet der späteren Tschechischen Republik angesiedelt sind, und die Rolle der Slowaken in diesem Bereich begrenzt war, ist es angemessener, von „tschechischer" Soziologie zu sprechen. Dieser Rahmen schließt auch eine systematische Untersuchung der Soziologie der tschechoslowakischen Deutschen und anderer nationaler Gruppen aus, die meist außerhalb der Tschechoslowakei tätig waren. Zweitens waren Frauen nach wie vor von höheren Universitätsabschlüssen, akademischen Positionen und der Führung der soziologischen Gemeinschaft ausgeschlossen. Dennoch wurden im Laufe der Zeit einige Anzeichen für einen bevorstehenden Wandel sichtbar. Die Zahl der Studentinnen nahm zu, ausgebildete Soziologinnen nahmen an verschiedenen empirischen Forschungsprojekten teil, und selbst die von Männern dominierten soziologischen Fachzeitschriften begannen, sich Frauen gegenüber zu öffnen (siehe Nešpor 2011, S. 242–244).

Die Entwicklung der Soziologie an den tschechischen Universitäten nach 1918

Für die tschechische Soziologie waren die Zwischenkriegsjahre eine Zeit großer Fortschritte bei der institutionellen Entwicklung und Stabilisierung. Dies gilt vor allem für den Bereich der Hochschulbildung.[1] An der neuen Masaryk-Universität in Brünn entstand ein zweites Zentrum der tschechischen Soziologie, das in seiner Bedeutung bald mit Prag gleichzog und dieses in mancher Hinsicht in den Schatten stellte, als dort 1922 ein soziologisches Seminar (das ungefähre Äquivalent des heutigen Instituts) eröffnet wurde unter der Leitung des fleißigsten und engagiertesten tschechischen Soziologen der Zwischenkriegszeit, Inocenc Arnošt Bláha (1879–1960), der 1924 zum Professor ernannt wurde. Bláha, der sich bereits vor dem Ersten Weltkrieg als Soziologe einen Namen gemacht hatte, vertrat eine etwas modernere Version des „kritischen Realismus" von Masaryk. Was ihn am deutlichsten von Masaryk unterschied, war sein Interesse an empirischer Sozialforschung, die Bláha allein oder gemeinsam mit seinen Studenten durchführte. Bláha hatte auch ein Händchen für soziale Theorien, wie die abstrakteren Teile seiner Bücher und Artikel sowie sein posthum veröffentlichtes Kompendium *Soziologie* (Bláha 1968) belegen. Er entwickelte seine eigene Version der funktionalistischen Sozialtheorie, die er unter dem Titel „föderativer Funktionalismus" (föderativ im Gegensatz zu hierarchisch) zusammenfasste und die auf der Idee basierte, dass jede soziale Funktion die Erfüllung eines spezifischen Bedürfnisses ist, das in einer konkreten sozialen Situation auftritt (Obrdlíková 1970; Janák 2009, S. 123–148). Dennoch waren seiner empirischen und theoretischen Arbeit auch klare Grenzen gesetzt. Als Moralist und Volkspädagoge, zu dem er wurde infolge der ungünstigen sozialen und kulturellen Bedingungen, die in der tschechischen Gesellschaft zu seinen Lebzeiten herrschten, teilte er mit Masaryk eine stark ethisch geprägte und engagierte Auffassung von Soziologie, die dazu führte, dass ein Großteil seiner Arbeit einen mahnenden und didaktischen Charakter hatte.

Trotz dieser Einschränkungen steht Bláhas bahnbrechender Beitrag zur tschechischen Soziologie außer Zweifel. Als produktiver Schriftsteller, engagierter Lehrer und Organisator des akademischen Lebens verwandelte Bláha sein Seminar bald in ein florierendes Ausbildungs- und Forschungszentrum, das talentierte junge Menschen anzog, die sich ernsthaft für Soziologie interessierten. Die lange Dauer und der systematische Stil von Bláhas akademischen Bemühungen – er hatte den Lehrstuhl für Soziologie fast 30 Jahre lang inne, unterbrochen nur durch die Nazi-Besatzung – trugen dazu bei, dass das Phänomen als „Brünner soziologische Schule" bekannt wurde – mehrere Generationen von Bláhas Studenten, die den Ansatz ihres Mentors bei der Behandlung theoretischer und empirischer Fragen des gesellschaftlichen Lebens übernahmen.

Das außergewöhnliche Engagement Bláhas für seine Disziplin und sein Seminar in Brünn lässt sich anhand der Geschichte der Studienreise des amerikanischen Soziologen Earle E. Eubank in der Tschechoslowakei illustrieren (Käsler 1985, S. 110–114). Nach einem vergeblichen Versuch, in Prag einen Vertreter der tschechischen Soziologie zu treffen, wurde Eubank am Bahnhof in Brünn von Bláha, der eine aktuelle Ausgabe des *American Journal of Sociology* in der Hand hielt, enthusiastisch empfangen. Aus dieser ersten Begegnung entstand eine Freundschaft und ein übermäßig enthusiastisches Bild der tschechoslowakischen Soziologie, das Eubank in seinen Berichten für das amerikanische Fachpublikum zeichnete (z. B. Eubank 1936, S. 151). Durch seine Kontakte zu Eubank und einer langen Liste anderer ausländischer Soziologen trug Bláha wesentlich dazu bei, die tschechische Soziologie auf der internationalen Landkarte zu platzieren.

Im Zusammenhang mit der Brünner Masaryk-Universität ist Emanuel Chalupný (1879–1958), ein weiterer prominenter Vertreter der tschechischen Soziologie der Zwischenkriegszeit, zu nennen. Chalupný, ein streitsüchtiger und exzentrischer Mensch, habilitierte sich in Brünn mit Hilfe von Bláha in Soziologie, nachdem ähnliche Versuche in Prag und Bratislava gescheitert waren. Chalupný verfasste die erste tschechische *Einführung in die Soziologie* (Chalupný 1905), vor allem aber ist er der Autor eines großangelegten „Systems der Soziologie", das auf 12 Bände geplant war und von dem 10 Bände veröffentlicht wurden. Darüber hinaus verfasste er mehrere Dutzend kürzere Bücher und Broschüren zu einer breiten Palette von Themen, von denen die meisten eine gewisse soziologische Relevanz hatten. Die schiere Menge seiner Veröffentlichungen brachte ihm den Spitznamen „Chalupný der Voluminöse" ein (Becker in Becker und Barnes [1938] 1961, S. 1064), aber die akademische Rezeption seiner Ideen, die den Zustand der Disziplin im Zeitpunkt widerspiegelte, als Masaryk in die Politik ging (also um 1900), war bestenfalls gemischt. Chalupnýs Werk wurde der jüngeren Generation der tschechischen Soziologen aus denselben Gründen kritisch gesehen, die Luther L. und Jessie S. Bernard in ihrer Rezension seines *Précis d'un système de sociologie* (Chalupný 1930) zum Ausdruck brachten: „Es ist hauptsächlich logisch, etwas apologetisch und größtenteils altmodisch. Chalupný befasst sich mit Definition, Geschichte, Beziehungen zwischen den Sozialwissenschaften, Gesetzen, Statik und Dynamik, Umwelt und Produkt, aber immer nur abstrakt" (1933, S. 288).

Die Aussichten für die Soziologie waren in Prag gleichzeitig vielversprechender und schwieriger. Der verschärfte Wettbewerb zwischen den einzelnen Personen und die Nähe zur politischen Macht führten eher zu schlechteren als zu besseren Bedingungen für die wissenschaftliche Tätigkeit. Der erste Professor für Soziologie an der Prager Karls-Universität wurde 1919 ernannt (Břetislav Foustka), und im selben Jahr wurde ein soziologisches Seminar unter seiner Leitung eröffnet.[2] Foustka, der zu diesem Zeitpunkt fast 60 Jahre alt war, tat wahrscheinlich sein Bestes, um die Last dieses und seiner vielen anderen Ämter zu tragen, aber er konnte Bláhas energischen Enthusiasmus nicht erreichen. 1923 wurde mit Außenminister Edvard Beneš ein zweiter Professor für Soziologie an die Karls-Universität berufen, doch war er, abgesehen von einigen Kurzeinsätzen, zu sehr mit der Politik beschäftigt, um Zeit für die Lehre zu finden. So gab es in Prag während der meisten Zeit der 1920er-Jahre zwei Professoren für Soziologie, von denen jedoch keiner das nötige Engagement zeigte, um der neuen Disziplin einen Aufschwung zu geben. Diese Situation änderte sich erst 1932, als Josef Král (1882–1978) Foustka als Professor und bald auch als Leiter des soziologischen Seminars ablöste (Nešpor 2014, S. 123–124; Voráček 1999, S. 115). Wie Foustka und Beneš war auch Král ein Anhänger Masaryks, wenngleich er sich von seinem Mentor weiter entfernte als seine Kollegen. Er war kein Soziologe, es sei denn, man versteht den Begriff im weitesten Masaryk'schen Sinne; sein Spezialgebiet war die Geschichte der tschechischen Philosophie und der soziologisierenden Strömungen innerhalb dieser Philosophie. Králs Beitrag zur Entwicklung der tschechischen Soziologie bestand vor allem darin, dass er das Bestreben der jüngeren Akademikerkohorte unterstützte, das Fach als echte empirische Wissenschaft zu betreiben (vgl. Nešpor 2011, S. 138).

Für eine Zeit, in der es noch keine Studiengänge im heutigen Sinne gab, lässt sich das Ausmaß der Institutionalisierung einer Disziplin innerhalb des Universitätssystems an der Zahl und den besonderen Merkmalen der Lehrstühle, Habilitationen und Promotionen sowie an der Zahl der Studenten ablesen, die in der gewählten Disziplin Kurse oder Prüfungen absolvierten und Dissertationen schrieben. Im Jahr 1938 gab es an den tschechischen Universitäten fünf ordentliche und außerordentliche Professoren für Soziologie und ein Dutzend Privatdozenten. Verlässliche Daten über die Zahl der Studenten, die in der Zwischenkriegszeit an soziologischen Kursen teilnahmen, liegen nicht vor, aber aus einschlägigen Dokumenten geht hervor, dass Soziologie ein beliebtes Fach war.[3] Die Soziologie erhielt 1931 in Prag und 1936 in Brünn das Recht, Rigorosa abzulegen (eine Voraussetzung für die Verleihung des Titels *philosophiae doctor*, PhDr., der in Mitteleuropa einzigartig ist und nicht mit dem angloamerikanischen Ph.D. verwechselt werden darf). Bis 1940 legten etwa 40 Studenten ein Rigorosum in Soziologie ab, und mehr als 50 Studenten reichten entweder in Prag oder in Brünn eine Dissertation zu einem soziologischen Thema ein (Nešpor 2012, S. 671–682). Die Soziologie konnte sich an den Universitäten etablieren, ihr akademisches Prestige war jedoch geringer als das der traditionellen Disziplinen.

Das Entstehen anderer disziplinärer Institutionen

Obwohl das tschechoslowakische Hochschulsystem nach 1918 in weiten Teilen völlig neu war, knüpften die Organisationsstruktur und die Kultur an den tschechoslowakischen Universitäten in vielerlei Hinsicht an die alten österreichischen Strukturen an (siehe Petráň 1983, S. 321–324). Die Philosophischen Fakultäten, an denen die Soziologie angesiedelt war, galten – nicht nur bei Insidern – als heilige Domäne der Geisteswissenschaftler. Die Soziologie mit ihren praktischen Interessen und ihrem Bedarf an kostspieligen Forschungsgeldern war in diesem traditionalistischen Umfeld ein seltsamer Geselle. Trotz einiger grober Vereinfachungen bietet die folgende Passage aus Otakar Machotkas Aufsatz *Amerikanische Soziologie* ein realistisches Bild des typischen tschechischen Mandarins (der hier unter dem weiter gefassten Begriff des „europäischen Wissenschaftlers" subsumiert und seinem US-amerikanischen Pendant gegenübergestellt wird):

> Die überraschende Entwicklung der amerikanischen Soziologie ist auf besondere Bedingungen zurückzuführen, die sich von den europäischen Bedingungen der wissenschaftlichen Arbeit unterscheiden. Die erste der unterschiedlichen Bedingungen ist die *Persönlichkeit* des amerikanischen Wissenschaftlers. Vom physischen Standpunkt aus unterscheidet er sich nicht von anderen Amerikanern; er ist nicht so nervös, zerstreut, ungeübt in körperlicher Arbeit und vom praktischen Leben entfernt wie der europäische Gelehrte. Seine Arbeit … ist regelmäßig, gut organisiert, verwendet viel Geld, materielle Mittel und Mitarbeiter und folgt einem detaillierten Plan. Der europäische Gelehrte folgt mehr inneren Impulsen, arbeitet unregelmäßig, ändert häufig seine Ideen und geschriebenen Texte. Er wartet auf Inspiration und sein Werk ist mehr oder weniger als Schöpfung konzipiert. (Machotka 1938, S. 75; englisches Original überarbeitet; Hervorhebung im Original)

Da die Wachstumsmöglichkeiten der Soziologie an den Universitäten durch finanzielle Zwänge, den Widerstand des konservativen akademischen Milieus und die Eifersüchteleien anderer Disziplinen deutlich eingeschränkt waren, wurden bezahlte Lehraufträge an außeruniversitären Einrichtungen und die gelegentliche Förderung der Forschung durch diese Einrichtungen für angehende Soziologen außerordentlich wichtig. In der Zwischenkriegszeit war die geeignetste Lehranstalt für Soziologie außerhalb der Universitäten die Freie Schule für politische Wissenschaften in Prag, die 1928 vom tschechoslowakischen Bildungsministerium als postsekundäre Einrichtung gegründet wurde und eine zweijährige Ausbildung in Sozialwissenschaften und Journalismus anbot. Die Soziologie war eines der zentralen Fächer im Lehrplan der Schule, mit Chalupný als Professor und einem Dutzend anderer Soziologen, die verschiedene Kurse unterrichteten; die Schule bot auch seltene Lehrmöglichkeiten für Akademiker, die sich auf andere Sozialwissenschaften spezialisierten, die nicht einmal den Grad an offizieller Anerkennung hatten, der der Soziologie zugestanden wurde: Politikwissenschaft, internationale Beziehungen, öffentliche Verwaltung oder Sozialpolitik (Hoffmannová 2009, S. 220; Nešpor 2011, S. 54–56).

Einige soziologische Forschungen wurden unter der Schirmherrschaft des Sozialinstituts der Tschechoslowakischen Republik durchgeführt, eines 1920 gegründeten Beratungsgremiums des Ministeriums für soziale Wohlfahrt, dem praktisch alle an der Soziologie Interessierten ehrenamtlich angehörten (Rákosník 2007). Als die Rockefeller-Stiftung Ende der 1920er-Jahre in der Tschechoslowakei einen akademischen Partner für eine sozialwissenschaftliche Zusammenarbeit suchte, zogen ihre Vertreter auf Empfehlung ihrer tschechischen Gesprächspartner (darunter Alice Masaryk) das Sozialinstitut einer der Universitäten des Landes vor, da sie der Meinung waren, dass die Bedingungen am Institut besser für die Art von empirischer Arbeit geeignet waren, die die Stiftung unterstützen wollte. Aber auch das Sozialinstitut war ständig knapp bei Kasse, und da seine Hauptaufgabe in der fachlichen Beratung in praktischen Fragen der Sozialpolitik bestand, konnte es die Soziologie und die Sozialforschung nur sehr begrenzt unterstützen.

Der erste Berufsverband tschechoslowakischer Soziologen, die Masaryk-Gesellschaft für Soziologie (MSS), wurde 1925 mit wesentlicher Unterstützung des Sozialinstituts gegründet, das Büroräume, Bürokräfte und einen bescheidenen Jahresbeitrag (der im Zuge der Weltwirtschaftskrise stark reduziert wurde) zur Verfügung stellte. Zehn Jahre nach der Gründung der Gesellschaft beklagte ihr Präsident Chalupný, dass „die MSS nie eine materielle Ausstattung hatte und immer noch nicht hat, die auch nur im Entferntesten für Forschungs- oder Publikationstätigkeiten ausreichen würde" (Chalupný 1935, S. 89). Das Programm der Gesellschaft beschränkte sich auf die Organisation öffentlicher Vorträge und die Förderung einer Buchreihe, in der soziologische Werke im Original oder in Übersetzung veröffentlicht wurden, sofern es die finanzielle Situation zuließ. Die Gesellschaft hielt zwar regelmäßige Arbeitssitzungen ab, aber es wurde nie eine nationale Konferenz organisiert, was vielleicht auf die geringe Größe und den hierarchischen Charakter der nationalen soziologischen Gemeinschaft zurückzuführen war. Die Gesellschaft wurde von einer kleinen disziplinären Elite kontrolliert, die sich aus Universitätsprofessoren, Dozenten und deren ausgewählten Assistenten zusammensetzte; die anderen Mitglieder waren soziologische Laien, die sich hauptsächlich aus den Reihen der Beamten, Akademiker aus verwandten Bereichen und Studenten (die ihre eigene Sektion gründeten) rekrutierten. Ende 1931 zählte die Vereinigung 48 ordentliche Mitglieder und 80 assoziierte Mitglieder, darunter viele Studenten, und die durchschnittliche Wachstumsrate der Mitgliederzahl lag bis zum Zweiten Weltkrieg bei knapp über 10 neuen Mitgliedern pro Jahr. Im Jahr 1934 wurde der neu geschaffene Titel eines „korrespondierenden Mitglieds" an 59 ausländische, meist amerikanische oder westeuropäische Soziologen verliehen, darunter Charles Ellwood und Pitirim Sorokin (Chalupný 1935; Zelenka [1941] 1992).

Die Masaryk-Gesellschaft für Soziologie blieb von den Spannungen innerhalb der disziplinären Elite nicht unberührt. Als sich 1930 inhaltliche und persönliche Differenzen zwischen Chalupný (der sich mit der Brünner Gruppe um Bláha verbündete) und der Prager Gruppe um Král offen entluden, beschloss die Prager Fraktion, die Reihen der Gesellschaft zu verlassen und eine eigene zu gründen. Dies geschah offiziell einige Jahre später, im Jahr 1937, als die Gesellschaft für Sozialforschung von Mitgliedern und Anhängern des Prager soziologischen Seminars mit dem ausdrücklichen Ziel gegründet wurde, „die sozialwissenschaftliche Forschung auf der Grundlage empirischer und objektiver Methoden" zu fördern (Machotka et al. 1937, S. 332). Dieses Motto implizierte in den Augen der Sezessionisten, dass die in der Masaryk-Gesellschaft gepflegte Soziologie eher philosophisch oder journalistisch als wissenschaftlich war. Die Überzeugung der Prager Gruppe, dass Chalupný und seine Verbündeten in der MSS, darunter Bláha, eine veraltete Form der Soziologie vertraten, war der Hauptgrund für den Zerfall der Gesellschaft und auch ein wesentlicher Faktor, der dazu beitrug, dass es in der Tschechoslowakei nicht nur eine, sondern zwei soziologische Zeitschriften gab.

Bevor es soziologische Fachzeitschriften gab, veröffentlichten tschechische Soziologen ihre Artikel hauptsächlich in den von Masaryk und seinen Anhängern gegründeten philosophischen und literarischen Zeitschriften wie *Naše doba* (*Unsere Zeit*) oder *Česká mysl* (*Tschechisches Denken*). Die erste wirklich soziologische Zeitschrift, *Sociologická revue* (*Soziologische*

Rundschau), wurde 1930 von Bláha ins Leben gerufen und wurde bald zur offiziellen Zeitschrift der Masaryk-Gesellschaft für Soziologie. Bláha und die Mitglieder seines soziologischen Seminars in Brünn waren während der gesamten Zeit ihres Bestehens Herausgeber der Zeitschrift, die sich eng an die demokratische Ära in der Tschechoslowakei anlehnte (1930–1940, 1946–1949). Die Zeitschrift enthielt nicht nur Artikel tschechischer und ausländischer Autoren (darunter Sorokin, Eubank, Robert MacIver oder Robert Michels), sondern auch einen umfangreichen Rezensionsteil, in dem jedes Jahr Hunderte neuer Bücher und Zeitschriften aus dem In- und Ausland rezensiert wurden – ein weiterer Beweis für die Ernsthaftigkeit, mit der Bláha daran arbeitete, die tschechische Soziologie in den internationalen soziologischen Dialog einzubinden. Die zweite Zeitschrift, *Sociální problémy* (*Soziale Probleme*), wurde ein Jahr später, 1931, von der rivalisierenden Prager Gruppe als Teil ihrer Strategie gegründet, „die Zusammenarbeit zwischen den einzelnen Sozialwissenschaften auf soziologischer Grundlage im Interesse einer objektiven und einheitlichen Erforschung der Gesellschaft und einer echten Zusammenarbeit zwischen Theorie und Praxis ... mit dem Ziel einer zielgerichteten Veränderung der sozialen Ordnung" zu fördern (Redaktion 1931, S. 2). Diese Zeitschrift erschien weniger häufig und ihr Buchbesprechungsteil war weit weniger umfangreich, aber sie war ihrem Konkurrenten in Bezug auf die Qualität der veröffentlichten Artikel ebenbürtig. Es ist anzumerken, dass beide Gruppen ihre Zeitschrift nutzten, um verheerende Angriffe auf die veröffentlichten Arbeiten ihrer Gegner zu drucken (Nešpor 2011, *passim*).

„Objektivistische" empirische Soziologie, ihre Befürworter und Gegenspieler

Die Existenz von zwei soziologischen Vereinigungen und zwei Zeitschriften zeugte von einer tiefen Spaltung der tschechischen Soziologie in der Zwischenkriegszeit. Es muss noch einmal betont werden, dass dieser Dualismus eine grundlegende inhaltliche Spannung in der tschechischen Soziologie widerspiegelt und nicht nur eine Rivalität zwischen zwei geografischen Zentren, Prag und Brünn. Im Mittelpunkt stand der Konflikt zwischen einer kleinen Gruppe jüngerer Prager Soziologen, die die Soziologie so betreiben wollten, wie sie sie in den fortgeschrittensten westlichen Zentren kennengelernt hatten, und den Anhängern der traditionelleren Version der Soziologie, die in letzter Instanz von Masaryk stammte. Die beiden fähigsten Vertreter der „westlichen" Konzeption der Soziologie, Zdeněk Ullrich und Otakar Machotka, hatten einige Zeit an verschiedenen Universitäten in Deutschland und Frankreich studiert. Dort nahmen sie neue theoretische und methodologische Ideen auf, die sie in die tschechische Soziologie einbringen wollten.

Zdeněk Ullrich (1901–1955), den Heinz Maus in seinem Überblick über die tschechoslowakische Soziologie aus der Vogelperspektive (1962, S. 171) rückblickend als „sehr vielversprechend" bezeichnete, interessierte sich für eine breite Palette von Themen der historischen und empirischen Soziologie. Sein Hauptbeitrag zum Fachgebiet bestand in einer Reihe von empirischen Forschungsprojekten, von denen das wichtigste eine kollektive Studie über die Verstädterung der ländlichen oder halbländlichen Gemeinden in der Umgebung von Prag war, die 1932–1934 mit einem Stipendium der Rockefeller Foundation durchgeführt wurde (Janišová 1998, S. 36). Das Projekt führte zu einem Buch mit dem Titel *Soziologische Studien zur Verstädterung der Prager Umgebung* (Ullrich et al. 1938), dessen Herausgeber und Hauptautor Ullrich unter anderem für die Methodologie und die Schlussfolgerungen verantwortlich war. Die Untersuchung stützte sich auf offizielle Statistiken sowie auf Daten, die von Mitgliedern des soziologischen Seminars der Prager Universität gesammelt wurden. Es wurde behauptet, dass das Buch eine der ersten Anwendungen der Ideen der Chicagoer Schule auf eine europäische Stadt ist (Musil 2012, S. 411).

Otakar Machotka (1899–1970) trug ebenfalls zur Untersuchung der Urbanisierungsprozesse im Prager Raum bei. Wie Ullrich (dokumentiert in ihrem gemeinsam verfassten Manifest *Soziologie im modernen Leben*) war er ein Verfechter einer wissenschaftlichen Soziologie, die auf einer „exakten objektiven Methode" (Machotka und Ullrich 1928, S. 34) beruhte, womit sie vor allem eine empirische Forschung meinten, die Erkenntnisse hervorbringt, die in den Dienst sozialer und politischer Reformen gestellt werden können. Machotka hatte Gelegenheit, sich während seines Rockefeller-Stipendiums an den Universitäten von Chicago und Südkalifornien in den Jahren 1934–1935 mit den neuesten Forschungsmethoden vertraut zu machen. Das empirische Credo beherrschte Machotkas Arbeit in der Anfangsphase seiner Karriere, die ihren Höhepunkt mit seiner zentralen Rolle bei der Sozialstudie über die Wohnverhältnisse der Armen in Prag erreichte (veröffentlicht als *Sozial bedürftige Familien*, Machotka 1936).

Es war der politische Soziologe Jan Mertl (1904–1978), ebenfalls ein Vertreter der jüngeren Generation, der einen Streit zwischen den Anhängern der wissenschaftlich-empirischen Soziologie und der älteren Generation auslöste, die das von Masaryk abgeleitete, breit angelegte Konzept der Disziplin verteidigte. In seinem bemerkenswerten Buch über politische Parteien huldigte Mertl (1931, S. 3) Max Weber und erklärte kämpferisch die „positive, empirische und wertfreie Methode" zur „einzig richtigen und fruchtbaren Methode der soziologischen Forschung". Die Masarykianer waren empört, und es folgte ein kurzer Methodenkrieg, der als „Objektivismusdebatte" bekannt wurde (1931–1932) (Kilias 2001). Der nachhaltigste Widerstand gegen die Neuausrichtung der Disziplin kam von Vasil K. Škrach, dem persönlichen Sekretär Masaryks. Škrachs Ansichten verdienen eine gewisse Aufmerksamkeit, da sie die Kluft zwischen den Anhängern Masaryks, die in der Soziologie eine Art aufgeklärten öffentlichen Aktivismus sahen, der die Philosophie mit der politischen Praxis verband, und den Anhängern der Soziologie als empirischer Wissenschaft in krasser Form zum Vorschein bringen:

> Es gibt keine gefährlichere Theorie in dieser [gegenwärtigen] Krisensituation, in dieser Zeit der dringenden Notwendigkeit, Entscheidungen zu treffen, als den soziologischen Objektivismus ... Es scheint, dass manche mit der Tradition unserer Masaryk'schen Soziologie brechen wollen, die anti-objektivistisch, dynamisch, historisch, praktisch und reformistisch ausgerichtet ist, und dass sie sich nach einer Soziologie sehnen, die entphilosophisiert, enthistorisiert, ‚exakt', ‚empirisch', desengagiert, unpersönlich, wertfrei, entideologisiert ist ... (Škrach 1932, S. 218)

Škrach fuhr fort, die ausländischen Einflüsse zu benennen, die für die Entstehung dieses gefährlichen „oberflächlichen Positivismus", „ohne Glauben, ohne Ideologie", verantwortlich waren: Zuerst war es Durkheim, dann Weber, aber weniger Weber selbst als seine Interpreten, und auch die deutsche formale Soziologie (ebd.). Auffallend ist, dass er die später mächtigste Quelle objektivistischer Ideen, die US-amerikanische empirische Soziologie, mit keinem Wort erwähnt. Das mag daran liegen, dass in der tschechoslowakischen Elite der Zwischenkriegszeit das meiste Amerikanische ein hohes Ansehen genoss und es der Kritik nicht gut getan hätte, seine Gegner mit der amerikanischen Soziologie in Verbindung zu bringen; vielleicht lag es aber auch daran, dass der Einfluss der neuen amerikanischen Forschungsmethoden in der tschechischen Soziologie noch nicht sichtbar war. In jedem Fall zeigt Škrachs kritische Tirade, dass die Anhänger und Epigonen Masaryks nicht gewillt waren, auch nur einen Zentimeter von ihrer dezidiert anti-szientistischen Vision der Soziologie abzuweichen. Ihr Lager war im öffentlichen Diskurs der Zwischenkriegszeit sehr einflussreich, und das daraus resultierende intellektuelle Klima wirkte sich auf die Entwicklung der „objektivistischen" Soziologie fataler aus als der bereits erwähnte Mangel an Ressourcen.

Die akademischen Karrieren von Machotka und Ullrich, die noch immer die beiden mit Abstand erfolgreichsten Mitglieder des jüngeren Jahrgangs in Prag waren, zeugen von den Hindernissen, die angehenden akademischen Soziologen in der Tschechoslowakei der Zwischen- und Nachkriegszeit im Weg standen. Beide hatten das Glück, im Staatlichen Statistischen Amt eine feste Anstellung zu finden, die mit soziologischer Forschung zu tun hatte; Ullrich war ab 1927 auch der einzige (unbezahlte) Assistent im soziologischen Seminar der Prager Philosophischen Fakultät. Ihr Bemühen, der empirischen Soziologie eine solide Grundlage zu geben und die erforderliche Forschungsinfrastruktur aufzubauen, erwies sich jedoch als ein schwieriges Unterfangen. Die Versuche in den 1930er-Jahren, ein soziologisches Forschungsinstitut entweder an der Philosophischen Fakultät (Nešpor 2014, S. 137) oder am Sozialinstitut einzurichten, blieben erfolglos. Am Ende des Jahrzehnts war die Zeit noch immer nicht reif für den Aufstieg der empirischen Soziologie zu einer akademisch anerkannten Position in der Tschechoslowakei. Selbst der größte Pessimist hätte nicht vorhersagen können, dass sich die nächste Gelegenheit erst mehr als ein halbes Jahrhundert später bieten würde.

Machotka habilitierte sich recht früh (1933), allerdings in Bratislava, und musste bis 1946 auf seine Professur an der Prager Universität warten. Ullrich wurde 1937 Dozent in Prag, aber seine Professur, die er ebenfalls 1946 erhielt, wurde an der neu gegründeten Hochschule für Politik- und Sozialwissenschaften geschaffen, die von der Karls-Universität getrennt war. Die bittere Ironie dabei ist, dass Machotka und Ullrich nur zwei Jahre vor der Abschaffung der Soziologie in der Tschechoslowakei durch die kommunistische Regierung Professoren wurden.

Ausschaltung in zwei Etappen (1939–1945 und 1945–1950)

In der tschechischen Literatur werden die Jahre 1945–1950 entweder als Nachspiel zur Geschichte der Soziologie der Zwischenkriegszeit oder als Vorspiel zur Entwicklung der Disziplin während der kommunistischen

Herrschaft (1948–1989) behandelt (Nešpor 2011; vgl. Voříšek 2012). Wenn hier der erste Ansatz gewählt wurde, dann wegen der weitreichenden personellen, institutionellen und intellektuellen Kontinuitäten mit der Zeit vor dem Zweiten Weltkrieg. Es sei jedoch darauf hingewiesen, dass der akademische Werdegang der wichtigsten Protagonisten der marxistischen Soziologie der 1960er-Jahre genau in den Jahren vor dem Putsch vom Februar 1948 begann, der die Tschechoslowakei in eine stalinistische Diktatur verwandelte. Die Jahre 1945–1950 sind eine Übergangszeit, in der sich die tschechische Soziologie der Zwischenkriegszeit, deren Hauptvertreter zwar sozialistisch, aber nicht marxistisch orientiert waren, zunehmend mit der marxistisch-leninistischen philosophischen Doktrin konfrontiert und schließlich durch diese ersetzt sah. Das Ausmaß, in dem alle Spuren der alten Soziologie aus dem akademischen Leben getilgt wurden, war so groß, dass die Soziologie, als sie in den 1960er-Jahren in der Tschechoslowakei ein Comeback feierte, durch eine radikale Trennung von ihrer „bürgerlichen" Vorgängerin gekennzeichnet war (Voříšek 2012, S. 76).

In den sechs Jahren der nationalsozialistischen Besatzung (1939–1945) wurde die tschechische Soziologie durch die Schließung aller Hochschulen, die Politik der Vernichtung der Juden und anderer Minderheiten, die brutale Verfolgung des Widerstands und die Zensur verwüstet. Die Art der Soziologie, die unter dem deutschen „Protektorat" praktiziert wurde, entsprach weitgehend der Soziologie der Zwischenkriegszeit, aber unter den herrschenden Umständen wurde keine Arbeit von herausragender Qualität produziert (Nešpor 2014, S. 142–143). Während Hochschullehrer zwangspensioniert oder entlassen wurden, konnten die im öffentlichen Dienst Beschäftigten oft ihren Arbeitsplatz behalten. Eine Kollaboration mit den Nazis war unter den Soziologen selten, die meisten von ihnen waren überzeugte Anhänger der Ersten Republik und blieben ihrem Masaryk'schen Geist mehr oder weniger treu. Die beiden Zeitschriften stellten ihr Erscheinen ein, aber die Soziologische Gesellschaft arbeitete weiter, nachdem sie den Namen Masaryks aus ihrem offiziellen Titel entfernt hatte. Die Soziologie wurde für eine Reihe linker junger Leute attraktiv, die unter der Schirmherrschaft der Gesellschaft sogar eine Art soziologische Ausbildung erhielten. Nach Kriegsende traten sie in die Kommunistische Partei ein und waren bald an der Abschaffung der Disziplin beteiligt (vgl. Císař 2005, S. 157–161).

Mit der Befreiung im Jahr 1945 wurde ein neues System der begrenzten Demokratie (im damaligen Sprachgebrauch „Volksdemokratie" genannt) mit starken nationalistischen und sozialistischen Akzenten eingeführt. Im tschechischen politischen System waren nur vier politische Parteien zugelassen, von denen drei links waren (die Nationalsozialisten,[4] die Sozialdemokraten und die Kommunisten). Die Kommunistische Partei, die sich auf eine starke Unterstützung aus Moskau verlassen konnte, war in ihrem Bestreben, die gesamte politische Macht im Land an sich zu reißen, nicht aufzuhalten. Gleichzeitig fanden die großen politischen Themen des Landes, wie die besonderen Beziehungen zur Sowjetunion Joseph Stalins, die umfassende Sozialisierung der kapitalistischen Industrie sowie die Vergeltungsmaßnahmen und ethnischen Säuberungen der Nachkriegszeit, im gesamten politischen Spektrum breite Unterstützung. Die Intellektuellen, einschließlich der Soziologen, waren größtenteils fasziniert von dem, was als Versprechen einer neuen und besseren Gesellschaft erschien. Das Ergebnis dieser politischen Gärung von 1945–1948 und der ambivalente Beitrag der Intellektuellen dazu wurde von Bradley Abrams treffend wie folgt zusammengefasst:

> … eine weitreichende Veränderung des tschechischen kulturellen Selbstbewusstseins, weg von der historischen Bindung an den Westen und hin zum slawischen und sozialistischen Osten. Die tschechische Intellektuellenkaste führte den Vorsitz bei dieser grundlegendsten Veränderung der Selbstdarstellung, die die Nation je erlebt hat. Alle politischen Strömungen, mit der teilweisen Ausnahme der römisch-katholischen, verkündeten den Ruhm einer nicht näher definierten „slawischen Solidarität" und stellten sich hinter Präsident Beneš' Pläne für eine „neue slawische Politik". (Abrams 2004, S. 281)

Unter den tschechischen Soziologen gab es nach 1945 niemanden, der den neuen politischen Kurs, den das Land eingeschlagen hatte, offen in Frage stellte; im Gegenteil, sie unterstützten die tschechoslowakische nationale und soziale „Revolution" (die von dem Soziologen Edvard Beneš als dem wieder eingesetzten Präsidenten des Landes angeführt wurde) ohne sichtbare Vorbehalte. Beide soziologischen Zeitschriften, die 1946 und 1947 neu gegründet wurden, stimmten in den Chor der Stimmen ein, die die enormen Vorteile anpriesen, die das neue politische System der Tschechoslowakei bringen sollte. In der Einleitung des Herausgebers der ersten Nachkriegsausgabe der *Sociologická revue*, deren Tonfall selbst für die hohen Standards dieses Autors ungewöhnlich pathosgeladen war, nannte Arnošt Bláha „soziale Gerechtigkeit" und „nationale und moralische Läuterung" als Hauptaufgaben des Augenblicks und drückte die messianische Mission der Nation in einer von Masaryk entlehnten Sprache aus: „Unsere tschechische Idee ist die Idee der Welt. Und wieder einmal scheint es ohne Übertreibung, dass wir den anderen vorausmarschieren, was die Schnelligkeit und Echtheit unserer Organisation nach den Prinzipien der sozialen Gerechtigkeit betrifft ..." (Bláha 1946, S. 6). Otakar Machotka war einer der Anführer des Prager Aufstands vom Mai 1945 gegen die Nazis und wurde nach dem Krieg ein hochrangiger Politiker der tschechischen Nationalsozialistischen Partei. In seinem Pamphlet *Der Sozialismus des tschechischen Menschen* finden sich nicht viele Spuren einer objektivistischen Soziologie. Machotka griff die grundlegenden Klischees der Geschichtsphilosophie Masaryks auf, um die tschechische Geschichte und den tschechischen Nationalcharakter so darzustellen, als dass sie unweigerlich zu einer „lyrischen", „zärtlichen" Form des Sozialismus führen müssten, die sich vom Marxismus unterscheidet, dessen harte und kalte Eigenschaften er als „fremd" für die tschechische Seele ansah (Machotka 1946, S. 14).

Die Zeit nach 1945 war von einer dynamischen institutionellen Entwicklung der Soziologie geprägt, ähnlich wie nach dem Ersten Weltkrieg. Der Lehrbetrieb an den beiden soziologischen Seminaren (Prag und Brünn) wurde fast unmittelbar nach Kriegsende wieder aufgenommen. Aufgrund der fortschrittlichen Atmosphäre der damaligen Zeit und der weit verbreiteten Überzeugung, dass die Sozialwissenschaften die für erfolgreiche soziale und politische Reformen erforderlichen Orientierungshilfen liefern würden, wurden zwei öffentliche Hochschuleinrichtungen im Bereich der Sozialwissenschaften gegründet: die Hochschule für Politik- und Sozialwissenschaften in Prag (1945) und die Hochschule für Sozialwissenschaften in Brünn (1947). Die Tatsache, dass dort vor allem Sozialwissenschaften gelehrt wurden, veranlasste den US-amerikanischen Wirtschaftswissenschaftler Norman S. Buchanan, der 1947 als Vertreter der Rockefeller-Stiftung Prag besuchte, zu der Bemerkung, die Hochschule für Politik- und Sozialwissenschaften sei „ein Schritt in die richtige Richtung". Wahrscheinlich wurde ihm nicht gesagt, dass die Lehrpläne zwar bis zu einem gewissen Grad von den amerikanischen sozialwissenschaftlichen Programmen inspiriert waren, die Ernennung der Professoren jedoch einer streng politischen Formel folgte, die das größte Gewicht der Kommunistischen Partei verlieh, die Lehrer des Marxismus-Leninismus förderte. Auch die Studentenschaft war mehrheitlich kommunistisch (Devátá und Olšáková 2010, S. 160–168; Císař 2005, S. 160–161).

Das folgende Zitat aus Buchanans Notizen über seinen Besuch in Prag ist bezeichnend für den Zustand der tschechischen Soziologie nach 1945:

> Die Soziologie, im weitesten Sinne, scheint vielleicht die aktivste aller Sozialwissenschaften zu sein. In den jüngeren und mittleren Altersgruppen scheint es mehr Soziologen zu geben, und diese scheinen auch intensiver zu arbeiten. Dies mag zum Teil daran liegen, dass die Reformmaßnahmen der Regierung stark auf Sozialfürsorge und soziale Sicherheit ausgerichtet sind. Zum Teil liegt die Erklärung aber auch darin, dass die Soziologie hier weniger gepflegt wurde als in Amerika vor dem Krieg. Wir haben großes Interesse an Problemen der Verstädterung, der Familie, der Organisation des ländlichen Raums, der Moral und dergleichen festgestellt. Auch die Regierungsbüros arbeiten an soziologischen Problemen. Dr. Král, Dekan der philosophischen Fakultät der Karls-Universität, ist der am besten aufgestellte Soziologe der Universität, während die neue Hochschule für Politik- und Sozialwissenschaften ebenfalls Soziologie betreibt.[5]

Die von Buchanan festgestellte solide Präsenz von Soziologen in den „jüngeren und mittleren Altersgruppen" spiegelt sowohl die Agilität der Machotka-Ullrich-Kohorte als auch das nach dem Krieg wieder auflebende Interesse an den Sozialwissenschaften wider. Die tatsächliche Situation war jedoch weniger aussichtsreich. Das tschechische Hochschulwesen befand sich nach dem Zweiten Weltkrieg in einem fließenden, fast anarchischen Zustand. Die Zahl der Studenten war extrem hoch, denn alle, denen während der deutschen Besatzung der Hochschulzugang verwehrt worden war, durften nun studieren. Studentische „Aktionskomitees", die oft von disziplinierten kommunistischen Gruppen geleitet wurden, spielten eine herausragende Rolle bei der Organisation von Vorlesungen und sogar bei der Berufung von Professoren. Das Diktat der Studenten, das einige Beobachter als „Studentokratie" oder (in Anbetracht der überwiegend männlichen Zusammensetzung der Aktionskomitees und des jungen Alters der aktivsten Mitglieder) als „Bubenherrschaft" bezeichneten, war unmittelbar nach dem Krieg am stärksten, verschwand aber in den folgenden Jahren nicht völlig. Nach dem kommunistischen Staatsstreich vom Februar 1948 trat es mit größerer Machtfülle wieder in Erscheinung und kontrollierte praktisch alle tschechischen Universitäten (Connelly 2000, S. 100, 105, 187–192). Berühmt-berüchtigt ist die Rolle der Studentenausschüsse bei den Säuberungen von Fakultätsmitgliedern und Mitstudenten. Die kommunistischen Studenten, die von ihren marxistisch-leninistischen Professoren und dem mächtigen Apparat der Kommunistischen Partei radikalisiert wurden, schlossen Dutzende von Akademikern und Tausende von Studenten aus, weil sie nicht mit der neuen offiziellen Ideologie übereinstimmten. In einer Art historischem Paradox wurden viele dieser jungen Eiferer zu den Hauptakteuren der Erneuerung der Soziologie in den 1960er-Jahren.

Die Soziologie wurde unmittelbar nach dem Februarputsch zur Zielscheibe politischer Repressionen. Der eigentliche Grund für diesen konzentrierten Angriff auf die Vertreter der Soziologie lag in ihrem Wesen: Als Lehre von der sozialen Struktur und der sozialen Dynamik befand sie sich in der schwierigen Lage, ein direkter Konkurrent des Marxismus-Leninismus zu sein (Musil 2011, S. 393). Machotka und Ullrich gehörten zu den ersten Fakultätsmitgliedern, die von der Karls-Universität verwiesen wurden. Die Leiter der soziologischen Seminare in Prag und Brünn, Král und Bláha, wurden zwangspensioniert (und erhielten von den kommunistischen Behörden eine Behandlung, die sich nicht sehr von der der Nazis zehn Jahre zuvor unterschied). Die Soziologie wurde 1950 als akademische Disziplin abgeschafft, und die letzten Jahrgänge der Soziologiestudenten wurden, wenn nicht vertrieben, so doch in einer Art organisatorischem und persönlichem „Vakuum" zurückgelassen, indem sie ihr Studium unter neu ernannten Professoren in den brandneuen Instituten für Marxismus-Leninismus abschlossen (Musil 2011, S. 380, 388).

In der glühenden Atmosphäre der Jahre 1945–1950 waren die politische Agitation und die organisatorischen Anstrengungen enorm, aber all dies ließ wenig Zeit für ernsthafte Forschung und originelle Theorien. Die tschechischen Soziologen wiederholten und konsolidierten, was sie vor dem Krieg gelernt hatten, und bemühten sich, den Anschluss an die neuesten Entwicklungen im Westen zu finden. Noch bevor wertvolle Arbeit geleistet werden konnte, setzte der Staatsstreich von 1948 der tschechischen Soziologie der Zwischenkriegszeit ein endgültiges Ende. Machotka, Ullrich und andere jüngere Soziologen emigrierten. Ullrich trat die Nachfolge von Alfred R. Radcliffe-Brown als Direktor des Instituts für Soziologie und Sozialwissenschaften an der Universität Alexandria in Ägypten an (UNESCO 1952), starb aber bald darauf. Machotka landete mit Hilfe von Ernest W. Burgess, den er seit seinem Rockefeller-Stipendium kannte, in den Vereinigten Staaten im Exil. Der Kronprinz des Brünner soziologischen Seminars, Antonín Obrdlík – Schwiegersohn von Bláha und wie Machotka in der Zwischenkriegszeit Rockefeller-Stipendiat – hatte die Tschechoslowakei vor der kommunistischen Machtübernahme für eine Stelle bei den Vereinten Nationen in den USA verlassen. Edvard Beneš, der die Kommunisten unwissentlich bei ihrem Aufstieg zur Machtunterstützte, trat von seinem Amt zurück und starb im September 1948 bitter enttäuscht.

Schlussfolgerung

Zdeněk R. Nešpor, Autor von *Eine Republik der Soziologen*, der ersten ausführlichen Geschichte der tschechischen Soziologie in der Zwischenkriegszeit, fasst ihren internationalen Beitrag wie folgt zusammen: „Auf die Frage, was die vormarxistische tschechische Soziologie der „Welt", d. h. der Soziologie im globalen Maßstab, gegeben hat, kann die Antwort lakonisch lauten: (praktisch) nichts" (Nešpor 2011, S. 240). Dieses Urteil mag dem Leser als übertrieben hart erscheinen, aber es ist näher an der Wahrheit als jeder erzwungene Versuch, das Gegenteil zu beweisen. Um den tschechischen Soziologen jener Zeit gerecht zu werden, sollte man jedoch den extrem feindseligen politischen Kontext ihrer Karriere nicht außer Acht lassen. Das „Projekt", an dem sie beteiligt waren – die vollständige akademische Etablierung einer neuen Disziplin – wurde durch die Katastrophe des Zweiten Weltkriegs und seine Folgen unterbrochen. Man kann davon ausgehen, dass die tschechische Soziologie, die bereits einige wichtige Schritte in diese Richtung unternommen hatte, ohne die Einmischung der nationalsozialistischen und kommunistischen Diktatur gut darauf vorbereitet gewesen wäre, sich in die europäische und internationale Soziologie zu integrieren, sobald die um 1900 geborene Kohorte in Machtpositionen innerhalb des Fachs gelangt wäre und die erste Generation der von dieser Kohorte ausgebildeten Studenten in den Beruf eingetreten wäre. Diese kontrafaktische Behauptung ist natürlich genau das – eine Behauptung. Dennoch kann es kaum einen Zweifel daran geben, dass die Fortsetzung der Zwischenkriegstradition eine nationale disziplinäre Gemeinschaft hervorgebracht hätte, die viel fortgeschrittener und besser geeignet gewesen wäre, einen Beitrag zur Weltsoziologie zu leisten, als die Art von Sozialwissenschaft, die nach dem kommunistischen *Putsch* an ihre Stelle trat.

Notes

1. In den Jahren nach 1918 kam es zu einem raschen Ausbau des tschechoslowakischen Hochschulwesens, das eine der wichtigsten Komponenten des Staatsbildungsprozesses darstellte. Im Jahr 1920 wurde der ehemalige tschechische Zweig der Prager Universität zum rechtmäßigen Nachfolger der historischen Universität erklärt und in Karls-Universität umbenannt; der ehemalige deutsche Zweig wurde zu einer separaten deutschen Universität in Prag herabgestuft. Im Jahr 1919 wurden zwei neue Universitäten gegründet: Die Masaryk-Universität in Brünn und die Comenius-Universität in Bratislava (Hoffmannová 2009, Kap. IV.1). Aufgrund des Mangels an ausgebildeten Slowaken wurden die Stellen in Bratislava häufig mit tschechischen Akademikern besetzt, von denen viele diese Berufung als Übergangslösung betrachteten, bis eine bessere Stelle in Prag oder Brünn frei wurde. Diese von den Slowaken wenig überraschend abgelehnte Praxis endete mit dem Zusammenbruch der Tschechoslowakei im Jahr 1938 und wurde nach 1945 nicht wieder aufgenommen (vgl. Klimek 2002, S. 457).
2. An der Deutschen Universität in Prag gab es weder vor noch nach 1918 einen Lehrstuhl für Soziologie, aber mehrere deutschsprachige Soziologen oder Sozialwissenschaftler, deren Interessen sich mit der Soziologie überschnitten, verbrachten einen Teil ihrer Karriere in Prag, darunter Max Webers Bruder Alfred vor dem Ersten Weltkrieg und die Rechtswissenschaftler Hans Kelsen und Fritz Sander in der Zwischenkriegszeit. Sanders verspäteter Versuch, 1938 einen Lehrstuhl für Soziologie an der Juristischen Fakultät der Deutschen Universität einzurichten, scheiterte.
3. Wie Machotka und Ullrich (1928, S. 62) berichten, meldeten sich im Wintersemester 1927 für jedes der zwei soziologischen Seminare Foustkas etwa 90 Studenten an, und die vom nationalen soziologischen Verband unter dem Titel „Die Themen der modernen Soziologie" organisierten Vorlesungen für die breite Öffentlichkeit wurden von 250 bis 300 Personen besucht.
4. Die 1897 gegründete tschechische Nationalsozialistische Partei hatte nichts mit ihrem deutschen Namensvetter zu tun (siehe Abrams 2004, S. 61–62). Edvard Beneš war ein prominentes Mitglied dieser Partei, bevor er 1935 zum tschechoslowakischen Präsidenten gewählt wurde.
5. Tagebuch: NSB (Norman S. Buchanan), 15.–21. Juni 1947, Prag, S. 28–29 (RF, RG 1.1, Serie 712 Czechoslovakia, Subseries S, Social Sciences 1947, Box 6, Folder 55; Rockefeller Archive Center, Sleepy Hollow, New York), Hervorhebungen entfernt.

Literatur

Abrams, Bradley F. 2004. *The struggle for the soul of the nation: Czech culture and the rise of communism.* Lanham, MD: Rowman & Littlefield.
Becker, Howard, und Harry Elmer Barnes. [1938] 1961. *Social thought from lore to science,* Bd. 3, 3. Aufl. New York: Dover Publications.
Bernard, Luther L., und Jessie S. Bernard. 1933. The European viewpoint in sociology. *Social Forces* 12(2): 287–289.
Bláha, A. 1946. Přivítání, vděčnost a pocta. Panu presidentovi dr. Edv. Benešovi. [Welcome, gratitude, homage. For President Dr Edv. Beneš]. *Sociologická revue* 12(1): 5–7.
Bláha, Inocenc Arnošt. 1968. *Sociologie.* Prague: Academia.
Chalupný, Emanuel. 1905. *Úvod do sociologie I [Introduction to sociology I].* Prague: Privately printed.
———. 1930. *Précis d'un système de sociologie.* Paris: Marcel Riviére.
———. 1935. Masarykova sociologická společnost [Masaryk sociological society]. *Sociologická revue* 6(1–2): 79–89.
Císař, Čestmír. 2005. *Paměti: nejen o zákulisí Pražského jara [Memoirs: Not only of the backstage of the Prague Spring].* Prague: SinCon.
Connelly, John. 2000. *Captive university: The sovietization of East German, Czech, and Polish higher education, 1945–1956.* Chapel Hill, NC: University of North Carolina Press.
Devátá, Markéta, und Doubravka Olšáková. 2010. Vysoká škola politických a hospodářských věd, 1949–1953. Počátky marxistického vysokého školství [Higher school of political and economic sciences, 1949–1953. The beginnings of Marxist higher education]. In *Vědní koncepce KSČ a její institucionalizace po roce 1948* [The research policy of the Communist Party of Czechoslovakia and its institutionalization after 1948], Hrsg. Markéta Devátá, Doubravka Olšáková, Vítězslav Sommer, und Peter Dinuš, 159–212. Prague: Institute for Contemporary History CAS.
Editors. 1931. K programu revue [On the journal's program]. *Sociální problémy* 1(1): 1–2.
Eubank, Earle Edward. 1936. European and American sociology: Some comparisons. *Social Forces* 15(2): 147–154.
Hoffmannová, Jaroslava. 2009. *Institucionální zázemí humanitních a sociálních věd v českých zemích v letech 1848–1952 [The institutional base of the humanities and social sciences in the Czech lands in 1848–1952].* Prague: Masaryk Institute and the Archives of the CAS.
Janák, Dušan. 2009. *Hodnoty a hodnocení v sociologii Inocence Arnošta Bláhy [Values and evaluation in Bláha's sociology].* Brno: IIPS of Masaryk University.

———. 2013. Brněnská versus pražská sociologická škola: mýtus a skutečnost [The Brno versus the Prague school of sociology: Myth and reality]. *Sociologický časopis/Czech Sociological Review* 49(4): 577–602.
Janišová, Helena. 1998. *Zděnek Ullrich*. Prague: SLON.
Käsler, Dirk. 1985. *Soziologische Abenteuer: Earle Edward Eubank besucht europäische Soziologen im Sommer 1934*. Opladen: Westdeutscher Verlag.
Kilias, Jarosław. 2001. ‚Socjologia bilansująca' czy ‚obiektywizm socjologiczny'? Dwa spory o charakter socjologii czeskiej okresu międzywojennego ['Balance-sheet sociology' or 'sociological objectivism'? Two debates on the character of Czech sociology in the interwar period]. *Studia Socjologiczne* 161(2): 37–66.
Klimek, Antonín. 2002. *Velké dějiny zemí Koruny české XIV, 1929–1938 [Great history of the Lands of the Bohemian Crown XIV, 1929–1938]*. Prague: Paseka.
Machotka, Otakar. 1936. *Sociálně potřebné rodiny v hlavním městě Praze [Families in social need in the capital city of Prague]*. Prague: Orbis.
———. 1938. *Americká sociologie: sociální podmínky vzniku a rozvoje [American sociology: Social conditions of its origins and development]*. Prague: Melantrich.
———. 1946. *Socialism českého člověka [The socialism of the Czech man]*. Prague: Czechoslovak National Socialist Party.
Machotka, Otakar, und Zdeněk Ullrich. 1928. *Sociologie v moderním životě: směry, organisace, úkoly [Sociology in the modern life: Schools, organization, tasks]*. Prague: Orbis.
Machotka, Otakar, Zdeněk Ullrich, und Josef Král. 1937. Zprávy a poznámky [Reports and notes]. *Sociální problémy* 5(4): 332–336.
Maus, Heinz. 1962. *A short history of sociology*. New York: Philosophical Library.
Mertl, Jan. 1931. *Politické strany: jejich základy a typy v dnešním světě [Political parties: Their foundations and types in today's world]*. Prague: Orbis.
Musil, Jiří. 2011. Poslední ročník studentů sociologie po únoru 1948 [The last students of sociology after the 1948 communist take-over in Czechoslovakia]. *Lidé města/Urban People* 13(3): 373–396.
———. 2012. Chicagská škola a česká sociologie [The Chicago school and Czech sociology]. *Lidé města/Urban People* 14(3): 395–419.
Nešpor, Zdeněk R. 2011. *Republika sociologů. Zlatý věk české sociologie v meziválečném období a krátce po druhé světové válce [A republic of sociologists. The golden age of Czech sociology in the interwar period and shortly after WWII]*. Prague: Scriptorium.
———. 2012. Studium a studenti sociologie v Československu před nástupem komunistického režimu [Sociological education and students of sociology in Czechoslovakia before the rise of the communist regime]. *Sociologický časopis/ Czech Sociological Review* 48(4): 669–696.
———. 2014. Organizační zázemí akademického života [The organizational base of academic life]. In *Dějiny české sociologie* [The history of Czech sociology], Hrsg. Zdeněk R. Nešpor, 121–146. Prague: Academia.

Obrdlíková, Juliana. 1970. I.A. Bláha's federative functionalism. *Sborník prací Filozofické fakulty brněnské univerzity* [Collected papers of the Faculty of Arts, Brno University] G, Řada sociálněvědná 19(G14), 15–24.
Petráň, Josef. 1983. *Nástin dějin Filozofické fakulty Univerzity Karlovy v Praze* [An outline of the history of the Faculty of Arts of Charles University in Prague]. Prague: Charles University.
Petrusek, Miloslav. 2002. Poučení ze zcela nekrizového vývoje české sociologie let 1989–2001 [A lesson from the crisis-free evolution of Czech sociology in 1989–2001]. *Sociologický časopis/Czech Sociological Review* 38(1–2): 7–15.
Rákosník, Jakub. 2007. Sociální ústav 1920–1941. Mozkové centrum československé sociální politiky [Social institute 1920–1941. The brain trust of Czechoslovak social policy]. In *Svět historie – historikův svět* [The world of history – The historian's world], Hrsg. Milan Svoboda, 296–316. Liberec: Technická univerzita v Liberci.
Škrach, Vasil K. 1932. Rozhledy po české sociologii [A survey of Czech sociology]. *Česká mysl* 28:218–231.
Ullrich, Zdeněk, et al. 1938. *Soziologische Studien zur Verstädterung der Prager Umgebung.* Prague: Review 'Sociology and Social Problems'.
UNESCO. 1952. Institute of sociology and social sciences, Alexandria University, Egypt. *International Social Science Bulletin: Area Studies* 4(4): 716–717.
Voráček, Emil. 1999. Emanuel Chalupný, problémy rozvoje sociologie v Československu 20. let a vznik Masarykovy sociologické společnosti [Emanuel Chalupný, the problems related to the development of sociology in 1920s Czechoslovakia and the establishment of Masaryk sociological society]. In *Emanuel Chalupný, česká kultura, česká sociologie a Tábor* [Emanuel Chalupný, Czech culture, Czech sociology and Tábor], Hrsg. Josef Zumr, 107–130. Prague: Filosofia.
Voříšek, Michael. 2012. *The reform generation. 1960s Czechoslovak sociology from a comparative perspective.* Prague: Kalich.
Zelenka, Jindřich. [1941] 1992. Přehled [Overview]. *Sociologický časopis* 28(6): 834–840.

KAPITEL 4

1950–1969: Berater des sozialistischen Fürsten

Zusammenfassung Infolge der heftigen kommunistischen Kampagne gegen die Soziologie war diese in der Tschechoslowakei zwischen 1950 und 1956 so gut wie nicht existent. Als 1956 ein moderater Entstalinisierungsprozess einsetzte, wurde die Soziologie wieder zum Gegenstand einiger marxistisch-leninistischer intellektueller Debatten. Bis 1964 gewann die Soziologie unter den unzufriedenen Marxisten an Anhängerschaft, und die soziologische Forschung wurde allgemein als nützlich für den geplanten wirtschaftlichen, sozialen und politischen Wiederaufbau des Landes angesehen. Die zweite Institutionalisierung der tschechischen Soziologie vollzog sich innerhalb eines kurzen Zeitraums. In den Jahren 1964–1966 wurden die Tschechoslowakische Soziologische Gesellschaft, das Institut für Soziologie an der Akademie der Wissenschaften und mehrere Universitätsinstitute gegründet. Dank neuer internationaler Kontakte und der Unterstützung durch die kommunistischen Reformer entwickelte sich die Soziologie rasch. Mit dem Einmarsch der Sowjetunion im Jahr 1968 endete dieser Boom.

Am 27. Mai 1965 erschien auf der Titelseite der offiziellen Tageszeitung der Kommunistischen Partei der Tschechoslowakei, *Rudé právo* (*Rotes Gesetz*), die gleiche Art von Artikeln wie an jedem anderen Tag. Der Aufmacher beschrieb ausführlich den Besuch des Genossen Antonín Novotný, des Ersten Sekretärs der Partei und nebenbei auch des Präsidenten der

Republik, in der Ostslowakei. Novotný, so wurde berichtet, hatte ein herzliches Treffen mit Mitgliedern des tschechoslowakischen Jugendverbandes, die kurz vor der Fertigstellung einer Breitspur-Eisenbahnstrecke standen, die es sowjetischen Zügen ermöglichen sollte, Eisenerz über die tschechoslowakische Grenze zu transportieren, ohne dass ein zeitraubender und kostspieliger Austausch von Drehgestellen erforderlich war. In einem anderen Artikel wurden die Bombardierungen der Demokratischen Republik Vietnam durch „US-amerikanische Piraten" angeprangert, und in einem weiteren Artikel wurde ein Prager Konzert des Chors der Roten Armee Alexandrow in den höchsten Tönen gelobt. Merkwürdigerweise erschien auf derselben Titelseite unter der Überschrift „Der Beginn einer neuen wissenschaftlichen Disziplin" ein Interview mit Professor Miloš Kaláb, dem Direktor des kürzlich gegründeten Instituts für Soziologie an der Tschechoslowakischen Akademie der Wissenschaften in Prag.

Kaláb, der nach 1948 eine erfolgreiche Karriere als Dozent für Marxismus-Leninismus gemacht hatte, erklärte, dass „der Marxismus einen ausgeprägten soziologischen Charakter hat", und bedauerte, dass ideologischer Dogmatismus und der Abbruch der Kontakte mit der westlichen Soziologie in den vergangenen 15 Jahren zu einer unbefriedigenden Entwicklung der marxistischen Soziologie in der Tschechoslowakei geführt hätten. Im Gegensatz zu allzu spekulativen Formen des historischen Materialismus würde die soziologische Forschung das für die wissenschaftliche Verwaltung des Landes erforderliche Faktenwissen liefern und gleichzeitig ihre Verankerung in der marxistischen Theorie bewahren, so dass sie eine ausgewogene „theoretisch-empirische Wissenschaft" wäre. Die Aussichten für die Entwicklung der marxistischen Soziologie seien hervorragend, denn sie könne sich auf die Errungenschaften der Disziplin des wissenschaftlichen Kommunismus stützen, die sich von der Theorie des Klassenkampfes zur wissenschaftlichen Untersuchung der Prinzipien der Planung und Leitung einer sich zum Kommunismus entwickelnden Gesellschaft entwickelt habe. Auf die Frage des Interviewers, ob die Soziologie überhaupt Ergebnisse hervorbringen könne, die über den gesunden Menschenverstand hinausgingen, antwortete Kaláb, dass es genüge, die Arbeiten von zwei Vertretern der amerikanischen empirischen Soziologie, Paul Lazarsfeld und George Lundberg, zu lesen, um zu sehen, dass Soziologen in der Tat eine Fülle von wichtigen kontraintuitiven Erkenntnissen hervorbringen können (jkd 1965).

1948 wurde die Soziologie zu einer bürgerlichen Pseudowissenschaft erklärt, die den Interessen des Kapitalismus diente, und scheinbar auf

Dauer aus dem akademischen und intellektuellen Leben verbannt. Fünfzehn Jahre später feierte sie ein triumphales Comeback, und ihre amerikanischen Vertreter wurden auf den Seiten von *Rudé právo* gepriesen. In diesem Kapitel soll geklärt werden, wie es zu diesem Wandel kam, aber auch, welche Art von Disziplin schließlich aus dem Bündnis zwischen Marxismus-Leninismus und Soziologie hervorging.

1950–1964: Die Existenz einer nicht existierenden Disziplin

In den ersten Jahren der 1950er-Jahre wurde die tschechische Soziologie von den Universitäten verdrängt, die Herausgabe ihrer Zeitschriften eingestellt, ihre akademischen Vertreter zum Schweigen gebracht oder ins Exil geschickt, die Studenten vertrieben. Chalupnýs und Bláhas verzweifelte Versuche, einen Kompromiss mit dem Marxismus-Leninismus zu finden, stießen auf kalte Gleichgültigkeit seitens der Vertreter des neuen Regimes (Connelly 2000, S. 131; Voříšek 2012, S. 96–105). Der Begründer der tschechischen soziologischen Tradition, Tomáš G. Masaryk, wurde zur Zielscheibe der schärfsten öffentlichen Kampagne, und seine Bücher verschwanden aus dem Verkehr. Direkte politische Verfolgung war unter Soziologen die Ausnahme, aber die Möglichkeit einer solchen Verfolgung, die mit schwersten persönlichen Konsequenzen verbunden war, war allgegenwärtig.

Obwohl die Soziologie nun offiziell ausgestorben war, wurde sie weiterhin von den fanatisierten Anhängern des Marxismus-Leninismus schikaniert. Ein besonders scharfer Kritiker prangerte an, dass die empirische Forschung über die Arbeiterklasse, die um 1950 am Tschechoslowakischen Institut für Arbeit durchgeführt wurde, „die Theorie und Methode der reaktionären amerikanischen Bourgeois-Soziologie" benutzte. Weil sie den Arbeitern „unwichtige" Fragen stellten, z. B. nach dem Beruf ihres Großvaters, anstatt „wichtige" Fragen nach ihrer Beteiligung an sozialistischen Stoßbrigaden zu stellen, wurde den kritisierten Autoren vorgeworfen, sie hätten „gesetzmäßige, entscheidende, innere und organische Zusammenhänge" übersehen, indem sie sich auf „unwichtige Fakten" konzentrierten (Sochor 1951). Nicht weniger zerstörerisch als diese Diffamierungskampagne war die häufige Schikanierung von Mitgliedern der ehemaligen akademischen Elite durch die Behörden; gepaart mit der Desorganisation des öffentlichen Lebens und wirtschaftlicher Knappheit waren die Bedingungen selbst für intellektuelle Arbeit in privater Abgeschiedenheit äußerst ungünstig, ganz zu schweigen von einer regulären Beschäftigung an einer offiziellen akademischen Einrichtung.

Doch die Soziologie blieb viel kürzer ausgestorben, als es der Eifer, mit dem sie abgeschafft wurde, vermuten lässt. Der Tod Josef Stalins und seines tschechoslowakischen Epigonen Klement Gottwald im Jahr 1953 beendete die schlimmste totalitäre Periode. Der auf dem 20. Kongress der Kommunistischen Partei der Sowjetunion 1956 eingeleitete Prozess der Entstalinisierung fand in den sowjetischen Satellitenstaaten starken Widerhall und führte in der intellektuellen Sphäre zum Phänomen des marxistischen „Revisionismus" (Kopeček 2009). Die Tschechoslowakei erlebte zwar nicht die gleichen politischen Umwälzungen, die Ungarn erschütterten und Polen veränderten, aber eine kurze Phase der Liberalisierung veränderte auch das intellektuelle Klima in der Tschechoslowakei. Die Dinge waren wieder in Bewegung, meist unter der Oberfläche, aber manchmal brachen sie in politisierten „Affären" aus, an denen Akademiker beteiligt waren, die bei der Partei in Ungnade gefallen waren (Urbánek 1970, S. 131; Devátá und Olšáková 2010, S. 85–89).

Auch wenn die 1950er-Jahre für die Soziologie eindeutig eine verlorene Zeit waren, so ist doch anzumerken, dass in diesem Jahrzehnt die rasanten organisatorischen Aktivitäten der Kommunistischen Partei eine neue institutionelle Matrix schufen, innerhalb derer sich die tschechische Soziologie einige Jahre später wieder etablieren sollte. Diese Matrix bestand aus drei Arten von Institutionen: Forschungsinstitute an der Akademie der Wissenschaften, Universitätsinstitute und professionelle Forschungseinrichtungen, die von verschiedenen Ministerien der tschechoslowakischen Regierung gefördert wurden.

Auf dem Höhepunkt des Stalinismus gründeten die kommunistischen Behörden 1952 eine riesige zentralisierte Forschungseinrichtung, die Tschechoslowakische Akademie der Wissenschaften, in dem Bestreben, sich vollständig an das sowjetische akademische Modell anzugleichen. Die Gründung der Akademie erfolgte jedoch nicht nur parallel zur Reorganisation der Forschung nach sowjetischem Vorbild in anderen Ländern des kommunistischen Blocks, sondern auch zum massiven Anstieg der öffentlichen Forschungsfinanzierung im Westen nach 1945 (Backhouse und Fontaine 2010, S. 192). Die Akademie vergrößerte sich schnell, bis sie 1969 138 Forschungsinstitute und andere Forschungszentren umfasste und über 13.000 Mitarbeiter in der gesamten Tschechoslowakei beschäftigte (Winters 1994, S. 282–284). Auch wenn die Sozial- und

Geisteswissenschaften von dieser Entwicklung, die ihnen eine neue institutionelle Basis verschaffte, stark profitierten, war die strenge ideologische Kontrolle der gesamten Forschung an der Akademie für diese Disziplinen besonders schädlich.

Das tschechoslowakische Hochschulsystem wurde in den 1950er-Jahren mehrfach umgestaltet, blieb aber in seiner Form am Ende des Jahrzehnts bis 1989 und in mancher Hinsicht bis heute weitgehend unverändert. Die Palacký-Universität in Olomouc war bereits im vorangegangenen Jahrzehnt (1946) gegründet worden, und in den 1950er-Jahren entstanden unter anderem die Hochschule[1] für Ökonomie, die Höhere Parteischule des Zentralkomitees der Kommunistischen Partei und die Politische Militärakademie, die alle 1953 gegründet wurden und ihren Sitz in Prag hatten (Urbášek und Pulec 2012, S. 204–205, 222–224). Eine der folgenreichsten Neuerungen, die nach 1948 an den tschechoslowakischen Universitäten eingeführt wurden, war die Übernahme des sowjetischen Systems der Universitätsinstitute (*katedry*), die die traditionellen Lehrstühle einzelner Professoren ersetzten. Die Unterordnung dieser Institute unter das Bildungsministerium war Teil der weitreichenden Zerstörung der akademischen Autonomie, die alle Aspekte des akademischen Lebens betraf (Pousta 1998, S. 298–303; Connelly 2000, S. 131).

Eine dritte Art von Einrichtungen, die für die Soziologie von Bedeutung waren, waren professionelle Forschungsinstitute, die verschiedenen Ministerien unterstellt waren. Diese Zentren pflegten eine Form der angewandten Sozialforschung in Bereichen wie Arbeitsbeziehungen, Stadtplanung, Sozialmedizin oder Agrarökonomie. Da die ideologische Kontrolle an diesem unteren Ende der akademischen Hierarchie weniger stark ausgeprägt war, wurden sie zu sicheren Häfen für diejenigen Soziologen, die nicht mit dem Marxismus-Leninismus sympathisierten, aber in einer beruflichen Position arbeiten wollten, die zumindest eine gewisse Nähe zur Soziologie aufwies (Musil 2004, S. 587–590).

Die neue marxistische Soziologie in der Tschechoslowakei entwickelte sich nach 1956 in einem Prozess, der der Situation vor dem Zweiten Weltkrieg teilweise ähnlich war, in enger Verbindung mit der Philosophie. Im Gegensatz zur Soziologie war die Philosophie nach 1948 nicht völlig abgeschafft worden, sondern hatte sich in die marxistisch-leninistische Philosophie und eine quasi-philosophische Disziplin namens „dialektischer und historischer Materialismus" verwandelt. Schon nach wenigen Jahren begannen diese beiden Disziplinen, sich langsam wieder in Richtung Standardphilosophie zu entwickeln. Der Großteil des neuen Personals an den philosophischen Fakultäten der Universitäten und am Institut für Philosophie der Akademie der Wissenschaften, das 1953 (zunächst als „Kabinett für Philosophie") gegründet wurde, bestand aus jungen Leuten, die in den 1920er-Jahren geboren wurden. Ihre politische Einstellung, die von den extremen Erfahrungen des Zweiten Weltkriegs geprägt war, war zumeist kommunistisch und eindeutig links orientiert. Es handelte sich um die von Michael Voříšek (2012) so bezeichnete „Reformgeneration", die einen komplizierten Reifungsprozess durchlief, der von einem naiven Glauben an die marxistisch-leninistische Ideologie nach 1945 über verschiedene Formen des marxistischen Revisionismus in den 1950er-Jahren bis hin zur engagierten Unterstützung des „Demokratisierungsprozesses" und des „sozialistischen Humanismus" in den 1960er-Jahren reichte. Diese Generation besetzte praktisch alle marxistisch-leninistischen Fakultätsinstitute, von denen es 1957 in der gesamten Tschechoslowakei 68 gab und die fast 800 Dozenten auf allen Ebenen der akademischen Hierarchie beschäftigten, 80 % von ihnen jünger als 35 Jahre (Urbášek und Pulec 2012, S. 217).

Gegen Ende der 1950er-Jahre begann sich das Schicksal der Soziologie im gesamten Ostblock zum Besseren zu wenden. In der Sowjetunion erhielt das Wort „Soziologie", wenn auch nicht die Disziplin selbst, in der neuen Atmosphäre nach dem 20. Parteitag wieder Legitimität. 1956 nahm erstmals eine sowjetische Delegation an einem Kongress der International Sociological Association (ISA) in Amsterdam teil, und 1958 wurde die Sowjetische Gesellschaft für Soziologie gegründet (Greenfeld 1988, S. 100). Die Entwicklungen in der Sowjetunion waren von entscheidender Bedeutung, denn gegen den Willen der Partei konnte nichts unternommen werden, und der Wille der Partei hing in hohem Maße von den politischen Veränderungen in Moskau ab. Ein viel attraktiveres Modell, das lebendige Beispiel einer wiederhergestellten mitteleuropäischen nationalen Soziologie, lieferte jedoch das benachbarte Polen, wo die Soziologie 1956 „begnadigt" wurde, was zur Wiederbelebung der Soziologieprogramme an den Universitäten, zur Gründung eines nationalen Verbands und zur aktiven Rolle der polnischen Soziologen in der ISA führte (Sułek 2010, S. 329 und *passim*).

In der Tschechoslowakei tauchte die Soziologie als akademisches Konzept bereits 1956 in den Debatten einiger marxistisch-leninistischer Philosophen über das Wesen und die Aufgaben des historischen Materialismus wieder auf. Eine Art neue „Protosoziologie" begann sich langsam aus dem eisernen Griff des Marxismus-Leninismus zu befreien. Paradoxerweise wurde diese Befreiung durch einen hochgradig scholastischen Austausch über den „Gegenstand und die Methode des historischen Materialismus" und den „wissenschaftlichen Kommunismus" vermittelt, eine nach 1956 neu favorisierte Disziplin, die das Bewusstsein der Partei für die Notwendigkeit widerspiegelte, die zeitgenössischen politischen und sozialen Entwicklungen im Sinne der marxistisch-leninistischen Theorie zu analysieren (Devátá und Olšáková 2010, S. 90).

1956 veröffentlichte die offizielle Zeitschrift für marxistisch-leninistische Philosophie, *Filosofický časopis* (*Philosophische Zeitschrift*), einen Artikel mit dem Titel „Über das Programm zur Erforschung der Arbeitswelt bei großen sozialistischen Bauprojekten" (Hochfeld 1956), in dem der polnische marxistische Theoretiker Julian Hochfeld die laufenden empirischen Untersuchungen der Struktur und des Bewusstseins der Arbeiterklasse in Polen darlegte, die unter seiner Anleitung durchgeführt wurden. Die Tatsache, dass in einem anderen Land des Sowjetblocks seit geraumer Zeit empirische Sozialforschung betrieben wurde und dass Hochfeld, einer der einflussreichsten polnischen marxistischen Wissenschaftler, ihre Bedeutung öffentlich verteidigte, war ein gewichtiges Argument für jene Marxisten, die die empirische Soziologie wieder in die tschechoslowakischen Sozialwissenschaften einführen wollten. In seinem Kommentar zu Hochfelds Artikel schrieb Jaroslav Klofáč, damals Dozent für historischen Materialismus an der Höheren Parteischule, der in den 1960er-Jahren zu einer zentralen Figur bei der Erneuerung der Soziologie werden sollte:

> Auch wenn es noch keine gemeinsame Position zum Gegenstand und zu den Methoden des historischen Materialismus gibt, so sind wir uns doch alle einig, dass es ohne die Kenntnis des konkreten gesellschaftlichen Lebens nicht möglich ist, in der Entwicklung der Sozialwissenschaft und der Überwindung von Spekulativität und Dogmatismus einen Schritt vorwärts zu machen. Ein wichtiger Weg, diese Kenntnis des realen Lebens unserer Gesellschaft zu erlangen, ist zweifellos die im Artikel von Prof. Hochfeld beschriebene Feldforschung. Es lässt sich nicht leugnen, dass die Bedingungen für soziologische Forschung in unserem Land schwieriger sein werden als für unsere polnischen und deutschen Genossen. Vor allem in der Anfangszeit werden gewisse personelle Probleme zu bewältigen sein, denn die im Bereich des historischen Materialismus Tätigen sind meist jung und ohne Erfahrung mit den Techniken der soziologischen Forschung. Es wird notwendig sein, die theoretischen und methodologischen Prämissen der tschechischen bürgerlichen Soziologie zu überprüfen und neu zu bewerten,

deren Kenntnis in unserem Land sehr gering ist, um nicht zu sagen, dass wir fast nichts über den gegenwärtigen Stand der modernen Soziologie im Westen wissen. (Klofáč 1956, S. 449)

Diese und ähnliche Positionen, die in marxistisch-philosophischen Schriften eingenommen wurden, sind ein Beweis dafür, dass die Soziologie nicht mehr als völlig inakzeptabel angesehen wurde, zumindest nicht als Gegenstand abstrakter akademischer Diskussionen. Ein weiteres Zeichen für die sich allmählich ändernde offizielle Haltung war, dass Klofáč noch vor Ende des Jahrzehnts zusammen mit Vojtěch Tlustý, einem weiteren Spezialisten für den historischen Materialismus, das Buch *Zeitgenössische empirische Soziologie* veröffentlichen konnte, eine gut informierte Übersicht über die westliche soziologische Literatur, die es sogar wagte, einige der alten tschechischen „bürgerlichen" Autoren zu erwähnen (Klofáč und Tlustý 1959).

Die Hinwendung einiger marxistischer Theoretiker zur Soziologie resultierte aus ihrer Frustration über die Engstirnigkeit des historischen Materialismus und des wissenschaftlichen Kommunismus. Ein weiterer Faktor war die Erkenntnis, dass die sozialistische Umgestaltung der Gesellschaft eine genaue Kenntnis der tatsächlichen sozialen Realität erfordert und nicht ideologische Phrasen oder philosophische Spekulationen. Diese Ansicht wurde jedoch keineswegs von den Mitgliedern des Parteiapparats geteilt und auch nicht von allen marxistischen Theoretikern akzeptiert. So zeigten Ladislav Hrzal und Karel Mácha in ihrem 1961 erschienenen Buch *Gegenstand und Methode des historischen Materialismus* zwar eine gewisse Toleranz gegenüber der empirischen Sozialforschung (und spiegelten damit den Wandel wider, der sich in der Sowjetunion vollzogen hatte), doch sahen sie nach wie vor keine Notwendigkeit für eine neue Disziplin der marxistischen Soziologie und erklärten ausdrücklich, dass die empirische Forschung der orthodoxen marxistisch-leninistischen Theorie untergeordnet werden müsse:

... unsere heutigen Umfragen müssen eine *klassenbezogene* Orientierung im Sinne ihrer Funktionalität für unsere Form der Diktatur des Proletariats haben. (Hrzal und Mácha 1961, S. 106)

Anfang der 1960er-Jahre waren die Befürworter der Soziologie noch weit davon entfernt, ihren Kampf gegen die Parteiideologen zu gewinnen. Letztlich war es die anschließende Krise des tschechoslowakischen Sozialismus, die der Soziologie zumindest zu einem kurzzeitigen Sieg verhalf.

Das Unmögliche geschieht: Die zweite Institutionalisierung der Soziologie

Die „protosoziologische" Phase der Wiederbelebung der tschechischen Soziologie in den späten 1950er-Jahren war durch die anhaltende Dominanz der marxistischen Ideologie gekennzeichnet, legte aber dennoch den Grundstein für die Entwicklungen, die in den Jahren 1964–1966 zu einer äußerst schnellen Institutionalisierung der Disziplin führten. 1958 gründeten einige marxistische Philosophen innerhalb der nationalen philosophischen Gesellschaft (*Jednota filosofická*) eine soziologische Sektion, um nach sowjetischem und polnischem Vorbild eine bis dahin vernachlässigte Möglichkeit der internationalen Zusammenarbeit zu pflegen. Das Hauptanliegen der Sektion war es, Arbeitskontakte mit der ISA herzustellen. Der Bericht der Sektion an das ISA-Sekretariat über die tschechoslowakischen Aktivitäten auf dem Gebiet der Soziologie im Jahr 1959 zeigt die Schwierigkeit, der ISA den Eindruck zu vermitteln, dass im Lande soziologische Arbeit geleistet wurde, und gleichzeitig den Parteiideologen klarzumachen, dass niemand die Soziologie als eine von der marxistisch-leninistischen Philosophie getrennte Disziplin betrachtete:

> Im Zuge dieser Forschungsarbeit wird eine neue Methodologie der soziologischen Forschung erarbeitet, deren grundlegendes Merkmal die untrennbare Einheit zwischen der unmittelbaren Kenntnis der realen, sich tatsächlich entwickelnden gesellschaftlichen Verhältnisse und dem tiefen theoretischen Ansatz nach der Konzeption des Marxismus-Leninismus ist. Die Teilnehmer dieser Forschung betrachten ihre Studien nicht als Angelegenheit einer speziellen empirischen Wissenschaft der Soziologie, sondern als Gegenstand des historischen Materialismus als wissenschaftliche Disziplin, die als marxistische Soziologie gleichzeitig die materialistische Konzeption der Geschichte ist. Es handelt sich also um eine philosophische Disziplin, die die soziologische Forschung als eine heuristische Hilfsdisziplin betrachtet.[2] (englisches Original korrigiert)

Ähnliche Vorsichtsmaßnahmen, in denen die Soziologie als vollständig in die marxistisch-leninistische Theorie integriert und dieser untergeordnet erklärt wurde, fanden sich bis weit in die zweite Hälfte der 1960er-Jahre hinein in offiziellen Dokumenten und Veröffentlichungen wieder. Doch wenn die Soziologie nicht nur als Wort, sondern auch als Disziplin wiederhergestellt werden sollte, war es in einem parteigeführten Staat am wichtigsten, die Partei selbst von ihrem Wert zu überzeugen. Während in der

UdSSR die Soziologie erneuert wurde, „weil die Parteifunktionäre es wollten" (Greenfeld 1988, S. 102), mussten in der Tschechoslowakei die Parteifunktionäre von Akademikern und Funktionären, die sich bereits der Soziologie verschrieben hatten, dazu gedrängt werden. Diese Aufgabe erforderte natürlich hervorragende politische Referenzen und ausgezeichnete Verbindungen innerhalb des Machtzentrums der Partei. Die beiden wichtigsten Persönlichkeiten, die diese Kriterien erfüllten, waren Miloš Kaláb und Pavel Machonin, die beide am Institut für Marxismus-Leninismus für das Hochschulwesen tätig waren, einer Eliteeinrichtung, die 1957 gegründet wurde, um die Qualifikation der Lehrkräfte für Marxismus-Leninismus an den Hochschulen des Landes kontinuierlich zu verbessern (Devátá und Olšáková 2010, S. 89–95). Obwohl die offizielle Aufgabe des Instituts darin bestand, dafür zu sorgen, dass die Lehre des Marxismus-Leninismus nicht von der durch die Partei vorgegebenen Orthodoxie abweiche, und insbesondere jegliche „revisionistische" Tendenz sofort aufzuspüren und im Keim zu ersticken, entwickelte es sich bald zu einer Brutstätte reformistischer Ideen. Unter Machonin wurde es später zu einem der wichtigsten soziologischen Zentren des Landes, das sich auf die Erforschung der sozialen Struktur der tschechoslowakischen Gesellschaft spezialisierte.

Die reformistischen Tendenzen in der kommunistischen Partei sammelten sich schließlich Anfang der 1960er-Jahre, nicht zuletzt angetrieben durch die Notwendigkeit, ein Heilmittel für die kränkelnde Wirtschaft der Tschechoslowakei zu finden, was zur Annahme eines „neuen Systems der Wirtschaftsführung" und eines ganzen Komplexes von (oft vagen) Vorstellungen über die Vorteile einer wissenschaftlichen Steuerung der Gesellschaft führte (Skilling 1976, S. 57–62, 90). Zu diesem neuen Ansatz gehörte die Vorstellung, dass empirische Daten, die nicht ideologisch vorgefertigt waren, unerlässlich waren. Die empirische Sozialforschung und damit auch die Soziologie erfreuten sich daher nicht nur bei den unzufriedenen Anhängern des wissenschaftlichen Kommunismus, sondern auch bei reformorientierten Managern in sozialistischen Staatsorganisationen und Unternehmen zunehmender Beliebtheit (Voříšek 2012, S. 153, 190). Sobald diese Überlegungen in den oberen Rängen der Partei, der Regierung und der Akademie der Wissenschaften ausreichend Unterstützung fanden, verbesserten sich die Aussichten für eine Wiederbelebung der Soziologie dramatisch.

Der Durchbruch kam in den Jahren 1964 und 1965.[3] Im November 1964 genehmigte die oberste Leitung der Akademie der Wissenschaften, das Präsidium, die Leitlinien für das neu gegründete Institut für Soziologie der Akademie, das 1965 offiziell eingeweiht wurde und dessen erster Direktor Miloš Kaláb war. Nicht minder wichtig war der Beschluss des Sekretariats des Zentralkomitees der Partei vom März 1965, einen Bericht über die Entwicklung der Soziologie in der Tschechoslowakei anzunehmen. Die Schlüsselperson in diesem Prozess der offiziellen Rehabilitierung der Soziologie war Pavel Machonin, dessen Rolle formalisiert wurde, als er ein einflussreiches Mitglied des Akademischen Kollegs für Philosophie und Soziologie der Akademie der Wissenschaften wurde, des zentralen Gremiums, das die Arbeit in diesen Disziplinen überwachte. Ebenfalls 1965 wurde eine neue nationale Zeitschrift für Soziologie, *Sociologický časopis* (*Soziologische Zeitschrift*), unter der Schirmherrschaft des Kollegs gegründet.

Die Gründung des Instituts für Soziologie stellte einen Meilenstein in der Institutionalisierung der tschechischen Soziologie dar, denn zum ersten Mal in ihrer Geschichte konnte die tschechische Soziologie auf eine spezialisierte Forschungseinrichtung zählen, die vollständig aus öffentlichen Mitteln finanziert wurde. Die wichtigsten Forschungsinteressen des Instituts spiegeln sich in der Aufteilung in Abteilungen wider. Im Jahr 1968 gab es Abteilungen für: (1) allgemeine soziologische Theorie, einschließlich der Soziologie der sozialistischen und kapitalistischen Gesellschaften, (2) soziologische Methodologie, (3) Soziologie der Arbeit und der sozialen Gruppen, (4) Soziologie der Freizeit, (5) Theorie und Soziologie der Religion. Im selben Jahr beschäftigte das Institut fast 70 Mitarbeiter und 23 Postgraduierte oder Praktikanten. Die Soziologie schien ihren festen Platz in der prestigeträchtigsten nationalen Forschungsorganisation gefunden zu haben, auch wenn das Institut in unzureichenden Räumlichkeiten untergebracht war und die Bitten des Direktors um die für weitere Einstellungen erforderlichen finanziellen Mittel ignoriert wurden (Voříšek 2012, S. 241–244).

Zwei Jahre später, im Jahr 1967, gründete die Akademie der Wissenschaften ein kleines Institut für Meinungsforschung und trug damit dem wachsenden Interesse der herrschenden Kreise des Landes an der aktuellen Meinung und dem Wunsch der Öffentlichkeit nach demokratischer Mitbestimmung Rechnung. Das erste Institut dieser Art war bereits 1946 im Informationsministerium gegründet worden, wurde aber bald nach dem kommunistischen Putsch geschlossen (Adamec und Víden̆ 1947; Nešpor et al. 2014, S. 137, 312). Dieser zweite Versuch, eine professionelle Demoskopie einzuführen, verlief nicht viel besser. Nach der sowjetischen Invasion wurde die öffentliche Meinungsforschung praktisch wieder abgeschafft. Die kurze Öffnungszeit von 1967–1969 ermöglichte es diesem Institut sowie anderen akademischen Einrichtungen und den Medien jedoch, eine Reihe von Meinungsumfragen durchzuführen, die einen einzigartigen Einblick in die politischen Einstellungen während der Zeit des Prager Frühlings bieten (Piekalkiewicz 1972).

Das Jahr 1965 markierte einen Wendepunkt für die Soziologie auch an den tschechoslowakischen Universitäten. In diesem Jahr wurden drei Soziologie-Studiengänge in Prag, Brünn und Bratislava eröffnet. Jedem Studiengang wurde eine Quote von 15 neuen Studenten pro Jahr zugewiesen, die in der Praxis überschritten wurde. An der Philosophischen Fakultät in Brünn ging die Wiederaufnahme des Lehrbetriebs für Soziologie im Jahr 1965 mit der Einrichtung eines neuen soziologischen Instituts einher. Dieses wurde 1966 um ein Labor für Sozialforschung erweitert und begann ein Jahr später sogar, in Zusammenarbeit mit dem staatlichen Fernsehsender eigene Meinungsumfragen durchzuführen (Možný 2004, S. 610–614). In Prag wurde der Studiengang Soziologie an der Philosophischen Fakultät zwar im akademischen Jahr 1965/1966 eröffnet, das Institut wurde jedoch erst 1966 eingerichtet. Die vom Institutsleiter Eduard Urbánek (1968, S. 7, 11) für das Jahr 1968 angegebenen Zahlen lauten: 76 Tagesstudenten und 40 Fernstudenten, drei Doktoranden, acht Fakultätsmitglieder, ein Verwaltungsangestellter. Mit seinem Bericht wollte Urbánek jedoch auf die unbefriedigenden Bedingungen aufmerksam machen, unter denen der neue Fachbereich arbeiten musste:

> Es ist noch kein Institut im eigentlichen Sinne, da die existenziellen Grundvoraussetzungen für seine Arbeit nicht gesichert sind. Obwohl sich die Situation in dieser Hinsicht verbessert hat, fehlt es weiterhin an Personal, an Räumen und an der technischen und materiellen Ausstattung für die Durchführung konkreter soziologischer Forschung. Die Mittel für die Anschaffung von soziologischer Literatur und Zeitschriften, insbesondere aus dem Ausland, sind unzureichend. ... Die Einrichtung und der Bau des vorgeschlagenen soziologischen Labors bleibt in weiter Ferne. Die Tätigkeit des Instituts wird auch dadurch behindert und eingeschränkt, dass an der Fakultät verschiedene verwandte akademische und Hilfsdisziplinen nicht gepflegt werden, wie z. B. Sozialpsychologie, Kultur- und Sozialanthropologie, Politikwissenschaft und Management. (Urbánek 1968, S. 7–8)

In einem weiteren Bericht machte Urbánek seiner Frustration über die seiner Meinung nach benachteiligte Stellung der Universitäten gegenüber der Akademie der Wissenschaften Luft – ein dauerhaftes Problem im dualen System von Forschung und Lehre, das sich aus der Gründung der Akademie in den 1950er-Jahren ergeben hatte:

> ... die Situation des Soziologischen Instituts der Akademie der Wissenschaften ist besser und günstiger als die der Philosophischen Fakultäten. Das Institut hat keine Studenten und organisiert kein Ausbildungsprogramm, und doch hat es viele Privilegien im Vergleich zu Universitäten und Hochschulen. (Urbánek 1970, S. 140)

Trotz dieser Schwierigkeiten stieg die Zahl der Studenten im Studiengang Soziologie an der Karls-Universität 1969 auf 200 und an der Universität in Brünn auf 140 (Urbánek 1970, S. 131).

Mitte der 1960er-Jahre entstanden auch an anderen tschechischen Fakultäten und Universitäten zahlreiche neue soziologische Institute und Zentren: an der Hochschule für Ökonomie in Prag, an der Fakultät für Journalistik in Prag, an den medizinischen Fakultäten in Prag und Brünn, an den pädagogischen Fakultäten in Prag und Olmütz sowie an den technischen Universitäten in Prag und Pilsen. So paradox es auch erscheinen mag, die Entwicklung der Soziologie war in gewisser Hinsicht an den privilegierten Schulen der Partei und des Militärs am weitesten fortgeschritten. Das 1964 an der Höheren Parteischule in Prag unter der Leitung von Jaroslav Klofáč gegründete Institut für Soziologie war das erste in der Tschechoslowakei, was den größeren Handlungsspielraum der Schule widerspiegelte, da sie faktisch eine Organisationseinheit der Kommunistischen Partei selbst war. Ähnliche Vorrechte genoss auch die Politische Militärakademie. An diesen Schulen wurden die ersten Übersetzungen aus der westlichen Soziologie, darunter der (aus marxistisch-leninistischer Sicht) höchst problematische Max Weber, als „interne Studienmaterialien" veröffentlicht. Beide Schulen entwickelten sich zu wichtigen Zentren reformistischer Ideen und wurden als solche Opfer der neostalinistischen Gegenreaktion nach der sowjetischen Invasion.

Die Tschechoslowakische Soziologische Gesellschaft wurde bereits 1964 gegründet. Zu ihrem ersten Präsidenten wurde der frühe Befürworter der Soziologie unter den marxistisch-leninistischen Theoretikern, Jaroslav Klofáč, gewählt. Die Initiative zu ihrer Gründung ging 1961 von der soziologischen Sektion der Philosophischen Gesellschaft aus, aber es dauerte zwei Jahre, um den Widerstand des Präsidiums der Akademie der Wissenschaften zu brechen, die als Trägerorganisation für akademische Vereinigungen fungierte. An der konstituierenden Sitzung nahmen 400 Personen teil, und die Gesamtzahl der Mitglieder erreichte bald 1200 (einschließlich der Slowakei). Die Vereinigung umfasste 13 Forschungsausschüsse und sechs regionale Organisationen. Die überwiegende Mehrheit der Mitglieder waren natürlich keine professionellen Soziologen, denn nur ein winziger Teil konnte noch vor 1950 eine soziologische Ausbildung erhalten. Einige Daten über die Zusammensetzung der nationalen soziologischen Gemeinschaft finden sich im Bericht über eine landesweite beratende Konferenz tschechoslowakischer Soziologen, die 1966 stattfand und an der der damalige Präsident der ISA, Jan Szczepański aus Polen, als besonderer Gast teilnahm. 70 % der 450 Teilnehmer waren zwischen 30 und 45 Jahre alt und nur 8 % gaben an, eine akademische Ausbildung in Soziologie zu besitzen (Machonin et al. 1966, S. 347; Voříšek 2012, S. 38–42, 283).

Die meisten der wenigen überlebenden Vertreter der akademischen Soziologie der Zwischenkriegszeit wurden in die neue Vereinigung aufgenommen, und Josef Král, der Leiter der ehemaligen Prager soziologischen Gruppe, wurde im Herbst 1968 sogar zum Ehrenvorsitzenden gewählt, doch ihre Rolle war rein symbolisch. Die Führungselite des Verbandes bestand aus ehemaligen marxistisch-leninistischen Dozenten in den Vierzigern wie Klofáč und Machonin. Politisch stellte sich der Verband hinter das Reformprogramm des Prager Frühlings. Auf einem außerordentlichen Treffen im Mai 1968, dem Höhepunkt der Reformwelle, erklärte der Verband öffentlich seine Unterstützung für den „Demokratisierungsprozess" und forderte weitere liberale Reformen, darunter die Aufhebung der Beschränkungen für den beruflichen Aufstieg von Nicht-Parteimitgliedern. Der Verband förderte Vorträge von nationalen und internationalen Soziologen und veranstaltete Kurse über soziologische Methoden für die Öffentlichkeit. Die Gesellschaft wurde von den reformfeindlichen Maßnahmen, die mit dem Beginn des „Normalisierungs"-Regimes nach 1968 eingeführt wurden, hart getroffen.

Die zweite Institutionalisierung der tschechischen Soziologie Mitte der 1960er-Jahre erfolgte außerordentlich schnell, aber sie kam nicht aus heiterem Himmel. Die intellektuellen und politischen Voraussetzungen dafür waren bereits seit Ende der 1950er-Jahre vorhanden. Doch auch wenn die Ursprünge der wiederbelebten Disziplin in einer Krise des kommunistischen Systems und der kommunistischen Ideologie lagen, haben sich die daraus resultierenden institutionellen Konturen der Soziologie als dauerhaft erwiesen. Trotz zahlreicher Umstrukturierungen und Namensänderungen aufgrund politischer Umwälzungen sind die wichtigsten Institutionen, die während des Wiederaufbaus der Soziologie in den 1960er-Jahren geschaffen wurden – die Universitätsinstitute in Brünn und Prag, das Institut für Soziologie an der Akademie der Wissenschaften, eine nationale soziologische Zeitschrift und sogar die tschechoslowakische (später tschechische) soziologische Gesellschaft –, bis heute im Zentrum der Disziplin geblieben.

Die Relevanz der tschechischen Soziologie der 1960er-Jahre

Der neue Grad der Institutionalisierung wäre nicht möglich gewesen, wenn die Soziologie nicht die Gunst eines einflussreichen Teils der Vertreter der Kommunistischen Partei gewonnen hätte. Dass genau dies geschah, sollte nicht als selbstverständlich angesehen werden, da die Macht der konservativen poststalinistischen Fraktion, vertreten durch den Ersten Sekretär Novotný, ernsthaft bedroht war nur während der kurzlebigen Periode der politischen Liberalisierung, bekannt als Prager Frühling, die sich von der Wahl des reformistischen Kommunistenführers Alexander Dubček zum Ersten Sekretär der Partei im Januar 1968 bis kurz nach dem sowjetischen Einmarsch am 21. August 1968 erstreckte. Der Prager Frühling kann als gescheiterte Rebellion der intellektuellen Elite innerhalb und außerhalb der Partei gegen die Parteibürokraten beschrieben werden (siehe Skilling 1976, S. 611–613). Die Anerkennung des Potenzials der Soziologie, einen positiven Beitrag zur sozialistischen Gesellschaft zu leisten, war weitgehend das Werk der besser ausgebildeten, reformorientierten Kommunisten, die nach und nach in einflussreiche Positionen innerhalb der Partei, der Regierung und der Akademie der Wissenschaften vordrangen. Ein viel sagendes Zeichen für die positive Veränderung des Status der Soziologie und anderer Sozialwissenschaften war die Tatsache, dass ihre Vertreter eingeladen wurden, offizielle Unterlagen für den 13. Parteitag von 1966 einzureichen. Das politische Engagement der Soziologen und anderer Sozialwissenschaftler erreichte seinen Höhepunkt mit ihrer Schlüsselrolle bei der Ausarbeitung des so genannten Aktionsprogramms der Kommunistischen Partei im April 1968, das das grundlegende politische Dokument des Prager Frühlings darstellte.

Als sich die Soziologie 1965 neu konstituierte, erwartete man von ihr eine offizielle Rolle als Berater eines sozialistischen Fürsten, der verzweifelt nach Lösungen für ernste wirtschaftliche und soziale Probleme suchte. In der politischen Polarisierung, die zu den Ereignissen von 1968 führte, fanden sich diejenigen, die am aktivsten an der Wiederbelebung der Soziologie beteiligt waren, auf der Seite der Reformer wieder. Als Reaktion auf das Wiedererwachen der tschechischen Zivilgesellschaft wurde die Soziologie nun zur „öffentlichen Soziologie", und zwar durch diejenigen ihrer Vertreter, die sich an den Debatten in den Medien und an autonomen Bürgerinitiativen beteiligten. Ein Teilnehmer fasste die Rolle der Soziologie in der Reformbewegung folgendermaßen zusammen: „kognitiv, kritisch, diagnostisch und mittelbar soziotechnisch, aber niemals apologetisch" (Lamser 1968, S. 741).

Eine weitere wichtige Errungenschaft der 1960er-Jahre war die Wiederherstellung der Kontakte zur internationalen Soziologie und zu verschiedenen nationalen Soziologien. Wenn die allgemeinen Bedingungen für die Erneuerung der Soziologie in der Tschechoslowakei nach 1956 wesentlich ungünstiger waren als in Polen, so lag dies wohl weniger daran, dass die vorkommunistische Tradition der Disziplin in der Tschechoslowakei schwächer war. Vielmehr scheint die Erklärung in der strengeren Form der kommunistischen Regierung in der Tschechoslowakei zu liegen, wo die gesamte gesellschaftliche Autonomie, einschließlich der Autonomie der akademischen Sphäre, ernsthafteren Schaden erlitt als in Polen (Connelly 2000, S. 178). Der Kontrast zu Polen war besonders deutlich, wenn es um das Ausmaß der vom Regime geduldeten internationalen Kontakte ging. Polen war zusammen mit Ungarn der sowjetische Satellit mit dem umfangreichsten intellektuellen Austausch mit den Vereinigten Staaten und Westeuropa. Besonders förderlich für die polnische Soziologie war ein Programm der Ford Foundation, das zwischen 1957 und 1961 etwa 25 Soziologen, darunter vielen, die bald zu den führenden Köpfen ihres Fachs gehörten, die Möglichkeit zu längeren Aufenthalten an westlichen akademischen Einrichtungen bot (Sułek 2010). Dass die Ford Foundation nicht in der Lage war, ein ähnliches Austauschprogramm mit der Tschechoslowakei zu starten, ist unter anderem auf das verheerende Ausmaß zurückzuführen, in dem die akademischen Strukturen der Tschechoslowakei durch das politische Machtsystem kolonisiert worden waren. Ein Beobachter der Ford Foundation, John Michael Montias, kommentierte die Situation der tschechoslowakischen Sozialwissenschaften im Allgemeinen wie folgt:

Der Fall der Tschechoslowakei ist noch heikler. Es gibt einige hervorragende Kandidaten, aber es ist nicht klar, ob sich die Regierung dazu bewegen ließe, sie gehen zu lassen. Novotnýs Regime wird von der großen Mehrheit der Bevölkerung herzlich gehasst, und es ist zu befürchten, dass einige der Begünstigten nicht zurückkehren wollen (obwohl ich annehme, dass die Polizei, wie üblich, sicherstellen würde, dass jeder Begünstigte eine enge familiäre Bindung hat, um ihn zur Rückkehr zu bewegen). Nach dem, was ich über die persönliche Entwürdigung weiß, die mit jeder Art von Vorzugsbehandlung in diesem Land einhergeht (und Vorzugsbehandlung schließt Reisen in den Westen ein), können wir ziemlich sicher sein, dass jede Regierungsliste einen hohen Prozentsatz an Speichelleckern, Schreiberlingen und Kriechern enthalten würde. Dennoch wäre es einen Versuch wert, ein solides Abkommen auszuhandeln.[4]

Bis weit in die 1960er-Jahre hinein wurden Reisegenehmigungen in den Westen auf der Grundlage politischer Kriterien und persönlicher Beziehungen erteilt. In der zweiten Hälfte des Jahrzehnts wurden jedoch die Beschränkungen sowohl für die Ausreise als auch für die Einreise gelockert. Speziell für die Soziologie beendete diese Entwicklung eine lange Zeit der Isolation vom westlichen akademischen Leben. Sowohl kurze Konferenzbesuche als auch längere Forschungs- oder Studienaufenthalte im Ausland wurden immer häufiger. Die Gründung einer regulären nationalen soziologischen Vereinigung führte zu einer deutlichen Zunahme der Kontakte mit der ISA. Insbesondere die Teilnahme von mehr als 40 tschechoslowakischen Teilnehmern am Weltkongress in Evian 1966 erweiterte die internationalen Verbindungen der tschechischen Soziologen und trug zu deren grösserem Selbstbewusstsein bei. Die Aufhebung der Reisebeschränkungen machte sich auch in der Zahl der Besucher bemerkbar. Die Behörden erlaubten den tschechischen Soziologen, eine Reihe großer internationaler Konferenzen und Projekttreffen auszurichten, darunter 1966 einen Workshop über mathematische Methoden in der Soziologie unter dem Vorsitz von Lazarsfeld. Weitere prominente Besucher waren Talcott Parsons, Johan Galtung, Hadley Cantril, Erwin Scheuch, Theodor W. Adorno, Peter L. Berger und Pierre Bourdieu. Zu der polnischen Soziologie entwickelte sich eine Art besondere Beziehung. Szczepański und Bauman nahmen unter anderem an mehreren Konferenzen teil, darunter an einem großen tschechoslowakisch-polnischen Treffen im Jahr 1967. Besucher kamen auch aus der Sowjetunion, anderen sowjetischen Satellitenstaaten und – zum Leidwesen der konservativen Parteiideologen – aus Jugoslawien, dessen besonderer Ansatz des Sozialismus von unorthodoxen Marxisten als attraktiv empfunden wurde.

Ein Bereich, der für die internationalen Interessen der tschechischen Soziologie in den 1960er-Jahren bezeichnend ist, sind Übersetzungen. In einem offiziellen Bericht aus der Mitte der 1960er-Jahre wurden fünf Bücher aufgeführt, die bis 1970 vom offiziellen Verlag der Akademie der Wissenschaften veröffentlicht werden sollten: Robert K. Mertons *Social theory and social structure*, Lazarsfelds und Morris Rosenbergs *The language of social research*, ein „Reader" von Parsons und je ein Band mit ausgewählten amerikanischen und französischen Zeitschriftenartikeln (Strmiska 1967, S. 510). Wie zerbrechlich die soziologische Erneuerung der 1960er-Jahre war, zeigt sich daran, dass kein einziges dieser Bücher tatsächlich im Druck erschien. Stattdessen konsumierten die tschechischen Soziologen eifrig Bücher polnischer Autoren. Bis 1970 gab es 20 Neuübersetzungen polnischer Bücher, darunter vier von Bauman. Im Gegensatz dazu gab es nur sehr wenige Übersetzungen der sowjetischen Soziologie.

Trotz dieser Öffnung zur Welt war das Werk der tschechischen Soziologie in den 1960er-Jahren hinsichtlich seiner internationalen Resonanz recht begrenzt. Da die bibliometrischen Daten für dieses Jahrzehnt spärlich und unzuverlässig sind, kann man sich dieser Frage am besten nähern, indem man die bekanntesten Beispiele analysiert. Dem internationalen Trend folgend, große kooperative Teams zu bilden, die oft verschiedene Disziplinen umfassten, wurden in der Tschechoslowakei mehrere große Forschungsteams im Bereich der Sozialwissenschaften gegründet, um die grundlegenden Probleme der Entwicklung des Landes anzugehen. Vier solcher Teams wurden gegründet, um die folgenden Themen zu untersuchen: die Wirtschaftsreform, die Reform des sozialistischen politischen Systems, die sogenannte wissenschaftlich-technische Revolution und die soziale Struktur der tschechoslowakischen Gesellschaft (Hoppe et al. 2015). Vor allem die beiden letztgenannten Themen waren von echtem soziologischem Interesse.

Die Studie über „die sozialen und menschlichen Auswirkungen der wissenschaftlich-technischen Revolution" wurde 1965 von einem interdisziplinären Team begonnen, das schließlich 60 Sozialwissenschaftler (aber nur vier Soziologen) umfasste. Leiter und zugleich Kopf des Projekts, das offiziell von höchster Stelle der Partei unterstützt wurde, war der marxistische Philosoph Radovan Richta. Das Hauptwerk des Teams (und in erster Linie Richtas) war ein 1966 veröffentlichtes Buch mit dem Titel *Civilization at the crossroads*, das bald in mehrere Sprachen übersetzt wurde. Die Hauptaussage dieses Buches lautete, dass die industrielle Revolution von einer wissenschaftlich-technischen Revolution abgelöst werden würde, deren Kern darin bestand, dass „... eine weitaus mächtigere Kraft der menschlichen Gesellschaft in die Produktion eintritt – die Wissenschaft *als eigenständige Produktivkraft*, die auf der Grundlage einer allumfassenden sozialen Kooperation arbeitet" (Richta et al. 1969, S. 27–28). Die Ankunft der vollautomatischen Produktion sollte der Menschheit neue Horizonte der Freiheit und Kreativität eröffnen. Aber, und das war für die Tendenz des Buches von entscheidender Bedeutung, der Theorie von Richta et al. lag die Überzeugung zugrunde, dass die erwartete radikale Umgestaltung der produktiven Basis der Gesellschaft mit ihren positiven sozialen und menschlichen Auswirkungen nur unter den Bedingungen des Sozialismus stattfinden konnte (S. 278).

Richta et al. haben das vom britischen marxistischen Autor J. D. Bernal geprägte und später in die offizielle sowjetische Ideologie übernommene Konzept der wissenschaftlich-technologischen Revolution auf kreative Weise auf die Bedürfnisse der tschechoslowakischen kommunistischen Partei Mitte der 1960er-Jahre zugeschnitten (Hoppe et al. 2015, S. 49). Die Studie des Richta-Teams war eine beeindruckende Formulierung des Glaubens an die Macht von Wissenschaft und Sozialismus zur Verbesserung der menschlichen Lebensbedingungen und bot eine philosophische Begründung für die technokratische Reform des sozialistischen Systems. Mit ihren futurologischen Visionen traf sie in der technikoptimistischen Atmosphäre der 1960er-Jahre voll ins Schwarze. Daniel Bell zitierte in seinem Buch über die postindustrielle Gesellschaft ausgiebig aus Richta et al. und lobte Richta später als den ersten Soziologen im Sowjetblock, der die sozialen Folgen des postindustriellen Zeitalters richtig verstanden hatte (Bell [1973] 1999, S. xxv, 106–112). Rückblickend erscheinen die futurologischen Projektionen der Richta-Studie jedoch kaum mehr als eine Prophezeiung, die sich durch die späteren Entwicklungen als falsch erwiesen hat. Die zentrale Prämisse des Buches, nämlich dass die Tschechoslowakei an der Schwelle zu einer technologischen Revolution stehe, stand in krassem Gegensatz zum schlechten Zustand der Wirtschaft des Landes, die dem Westen zunehmend hinterherhinkte. Obwohl sich Richta et al. auf eine Fülle von empirischem Material stützten und wertvolle Analysen vorlegten, war das Buch doch von dem utopischen Ton geprägt, der der marxistischen Philosophie eigen ist. Das Buch enthielt viele kühne Phrasen und vage Versprechungen, die für den marxistischen Humanismus der 1960er-Jahre typisch waren, darunter die Rede von einer Demokratisierung des Planungsprozesses und der „sozialistischen Beteiligung am Fortschritt der Zivilisation" (S. 272), aber es ging nicht über die enge Vision der von der Partei kontrollierten wissenschaftlichen Verwaltung der Gesellschaft hinaus.

Im Gegensatz dazu stand bei den Forschungen zur Sozialstruktur der tschechoslowakischen Gesellschaft, die unter der Leitung von Pavel Machonin durchgeführt wurden, die empirische Beschäftigung mit den tatsächlichen Gegebenheiten im Vordergrund. Dieses Projekt stellte die Hauptanstrengung einer Gruppe von Soziologen aus verschiedenen Institutionen in Prag und Bratislava dar, die bereits 1964 eine bahnbrechende Konferenz zum Thema der Sozialstruktur der sozialistischen Gesellschaft organisiert hatte, an der Bauman und andere führende osteuropäische marxistische Soziologen teilnahmen. Die Bedeutung, die Machonin und seine politischen Verbündeten dieser Forschung beimaßen, zeigt sich darin, dass das Projekt vom Präsidium der Akademie der Wissenschaften formell gebilligt und die Finanzierung direkt von der tschechoslowakischen Regierung mit Zustimmung des Zentralkomitees der Partei genehmigt worden war. Die Regierung beauftragte das nationale statistische Amt mit der Erhebung von Daten über eine Stichprobe von 13.000 männlichen Haushaltsvorständen. Die Erhebung wurde Ende 1967 durchgeführt, kurz bevor sich die Ereignisse des Prager Frühlings abzeichneten. Die analytische Arbeit verzögerte sich aufgrund des politischen Engagements von Machonin und anderen Teammitgliedern. *Československá společnost (Die tschechoslowakische Gesellschaft)* wurde schließlich Ende 1969 in Bratislava veröffentlicht (Machonin et al. 1969), da Machonin zu diesem Zeitpunkt bereits auf der schwarzen Liste in Prag stand. Bald wurde die Verbreitung des Buches verhindert, und alle Exemplare, die sich in öffentlichen Bibliotheken befanden, wurden bis 1989 als „klassifiziertes Material" eingestuft. Eine englische Übersetzung wurde angefertigt, aber nie veröffentlicht, und nur Machonins Zusammenfassung erschien im *American Journal of Sociology* (Machonin 1970; dies ist übrigens der einzige Artikel eines tschechischen Autors im AJS oder ASR seit den 1940er-Jahren).

Wenn es ein Denkmal für die tschechische Soziologie der 1960er-Jahre gibt, dann ist es sicherlich *Die tschechoslowakische Gesellschaft*. Aus heutiger Sicht ist das Werk jedoch voller Zweideutigkeiten. Das Projekt von Machonin et al. war von dem bewussten Bestreben geprägt, die tschechoslowakische soziologische Forschung auf ein bisher nicht gekanntes Niveau methodologischer Komplexität zu bringen, motiviert durch den Wunsch, ein wirklich solides Bild der sozialen Schichtung im eigenen Land zu erhalten. Die methodischen Entscheidungen waren jedoch recht eigenwillig, was höchstwahrscheinlich darauf zurückzuführen ist, dass die Kontakte zur internationalen Soziologie zu kurz waren. Rückblickend lässt sich das Projekt nicht mit der modernen Schichtungsforschung vergleichen, die damals im Westen betrieben wurde, wie z. B. Peter M. Blau und Otis Dudley Duncans *The American occupational structure* von 1967. Der analytische Rahmen war jedoch komplex genug, um eine lebendige Forschungstradition zu begründen, die bis heute ein Grundpfeiler der tschechischen Soziologie ist.

Die von Machonin et al. vorgelegte Theorie der sozialen Schichtung war ebenfalls etwas eigenwillig, aber angesichts der Umstände lieferte sie dennoch eine originelle und mutige Analyse einer kommunistischen Gesellschaft (für eine Zusammenfassung siehe Voříšek 2012, S. 213–224). Ihr Kernstück, eine Typologie der sozialen Schichtung, wies insofern offensichtliche Affinitäten zur reformistischen Sicht der jüngeren tschechoslowakischen Geschichte auf, als sie zwischen den folgenden Schichtungstypen unterschied, die die aufeinanderfolgenden Etappen in der Entwicklung der tschechoslowakischen Gesellschaft widerspiegelten: „kapitalistisch" (bis 1948), „Diktatur des Proletariats" (Anfang der 1950er-Jahre), „bürokratisch" (Stalinismus und Poststalinismus), „egalitär" (nach 1945), „technokratisch" (1960er-Jahre) und „sozialistisch" (entsprechend der normativen Vorstellung von einem noch zu entwickelnden „reifen Sozialismus"). In nur scheinbarem Widerspruch dazu trat der kommunistische Reformer Machonin für eine stärkere soziale Differenzierung der tschechoslowakischen Gesellschaft ein.[5] Er war davon überzeugt, dass „die realistische Form des Sozialismus", die in der Tschechoslowakei eingeführt werden sollte, eine „Variante der Industriegesellschaft darstellen sollte, die auf Leistung basiert und geschichtet ist, und folglich auch in den Interessen und Ansichten differenziert ist" (Machonin 1970, S. 741; vgl. Machonin et al. 1969, S. 165). Einer der scharfsinnigsten außenstehenden Beobachter des Prager Frühlings, Ernest Gellner (1974, S. 172), argumentierte im Nachhinein, dass Machonins meritokratisches Konzept (das Gellner mit der ihm eigenen Ironie als „Anti-Leveller" bezeichnete) den Weg für die Einführung des politischen Pluralismus ebnete, indem es den Raum für eine Interessendifferenzierung schuf. Die Abschaffung des Machtmonopols der Kommunistischen Partei war jedoch ein Schritt, den selbst die fortschrittlichsten tschechoslowakischen Reformisten nicht riskieren wollten.

Schlussfolgerung

Die Gesamtbilanz der Jahre 1950–1969 ist äußerst widersprüchlich. Einerseits wurde die Soziologie kurz nach der Machtübernahme durch das kommunistische Regime mit brutaler Gewalt zerschlagen. Andererseits gab dasselbe Regime der Forschung und dem Hochschulwesen eine neue Organisationsstruktur, die weitaus breiter angelegt war und großzügiger finanziert wurde als alles, was es vor 1948 gab. Dies könnte als eine wichtige Errungenschaft angesehen werden, wären da nicht die äußerst repressiven politischen Bedingungen, unter denen sich Forschung und Lehre entwickelten. Es war eine Modernisierung, aber es war eine Modernisierung auf sowjetische Art. Als die ideologische Kontrolle schwächer wurde, erlebte die Soziologie ein Comeback und konnte von dieser starken institutionellen Dynamik profitieren. Doch auch hier gibt es eine Einschränkung. In den 1960er-Jahren operierte die Soziologie innerhalb eines schwerfälligen, von oben gesteuerten, zentralisierten akademischen Systems, das der politischen Macht diente und sich ihr ausdrücklich unterordnete. Voříšek hat diese Situation treffend zusammengefasst: „… die Entwicklung der tschechoslowakischen Soziologie wurde von der Partei gelenkt, hauptsächlich von Parteimitgliedern betrieben und unter der Schirmherrschaft der Partei durchgeführt" (2012, S. 29).

Die tschechische Soziologie der 1960er-Jahre erregte seinerzeit international einige Aufmerksamkeit, vor allem weil die Tschechoslowakei mit ihrem Reformprozess in Mode war. Mit der teilweisen Ausnahme der Forschungen von Machonin et al. über die Stratifizierung der tschechoslowakischen Gesellschaft hat die tschechische Soziologie jedoch keine Theorien, empirischen Studien oder methodologischen Innovationen von internationaler Bedeutung hervorgebracht. Dies ist zum Teil darauf zurückzuführen, dass die Periode der relativ ungehinderten Produktivität der Disziplin weniger als 5 Jahre dauerte. Noch mehr Schuld trägt der restriktive marxistische Rahmen, aus dem die Soziologie nicht nur nicht ausbrechen durfte, sondern auch wenig Drang verspürte, dies zu tun. Diese Einschränkung zeigte sich vor allem im Bereich der soziologischen Theorie und der theoriegeleiteten Forschung, wo die anhaltende Dominanz der offiziellen marxistischen Ideen ein wirklich autonomes Denken, selbst im Rahmen des breiteren marxistischen Paradigmas, so schwierig machte, dass es nur wenige versuchten und es niemandem gelang. Paradoxerweise konnte sich die empirische Soziologie angesichts der Abneigung des offiziellen Marxismus gegen empirische Forschung unter diesen Bedingungen besser entwickeln. Aber auch hier sind die Forschungsprojekte aus dieser Zeit aufgrund ihres deskriptiven Charakters von geringem Interesse.

Zusammenfassend lässt sich sagen, dass die wichtigste Errungenschaft der tschechischen Soziologie der 1960er-Jahre die Schaffung neuer Institutionen war, die bis heute fortbestehen. Darüber hinaus wurde in den 1960er-Jahren die moderne empirische Forschung eingeführt, die von soziologischen Theorien, Methoden und Praktiken aus dem Westen und Polen beeinflusst wurde. In dieser Zeit entstanden auch die ersten Handbücher und Übersetzungen, die den internationalen soziologischen Diskurs für tschechische Studenten und Akademiker zugänglich machten. Diese Faktoren legten gemeinsam den Grundstein für die Professionalisierung der tschechischen Soziologie in den kommenden Jahrzehnten.

Notes

1. In der Tschechoslowakei bezeichnete der Begriff „Hochschule" eine tertiäre Einrichtung, die hauptsächlich berufliche Studiengänge in einem eng umgrenzten Bereich anbietete. Diese begrenzte Ausrichtung und der Vorrang der Berufsausbildung vor der akademischen Forschung haben die Hochschulen von den Universitäten unterschieden. Im Laufe der Zeit haben sich jedoch einige Hochschulen zu vollwertigen Universitäten entwickelt, wobei sie ihre ursprüngliche offizielle Bezeichnung beibehalten haben.
2. Masaryk-Institut und Archiv der Tschechischen Akademie der Wissenschaften, Archiv der Tschechoslowakischen Akademie der Wissenschaften, Sammlung Institut für Philosophie (Internationale Kontakte und Zusammenarbeit, International Sociological Association, Inv.-Nr. 110, Sign. 647, Kasten 11, Dokument „I. Institutionen und Zeitschriften", undatiert, S. 2).
3. Eine Bestandsaufnahme der soziologischen Einrichtungen, die Ende 1964 existierten, listet sieben Einheiten für soziologische Theorie an den Universitäten und der Akademie der Wissenschaften, zehn Zentren für spezialisierte soziologische Forschung, neun Universitätsinstitute für Marxismus-Leninismus, fünf Forschungseinheiten in Ministerien oder Unternehmen, sechs Zentren für Nachbardisziplinen (wie Psychologie oder Pädagogik) und das nationale Statistikamt auf – insgesamt 38 Organisationseinheiten, in denen soziologische Aktivitäten stattfanden (Kohn und Kubecová 1965).
4. Brief von John Michael Montias an Shepard Stone, 18. November 1961 (Ford Foundation records, General correspondence, Czechoslovakia, L60 1193; Rockefeller Archive Center, Sleepy Hollow, New York).
5. Eines der wichtigsten Ergebnisse der Studie von Machonin et al. war, dass eine ausgeprägte „Inkonsistenz" zwischen dem Einkommen einerseits und

der Komplexität der Arbeit, der Ausbildung und dem Lebensstil andererseits bestand (Machonin 1970, S. 734). Mit anderen Worten: Hochqualifizierte Personen (z. B. Soziologen) verdienten weniger als Arbeitnehmer mit geringer Qualifikation.

Literatur

Adamec, Čeněk, und Ivan Vídeň. 1947. Polls come to Czechoslovakia. *Public Opinion Quarterly* 11(4): 548–552.

Backhouse, Roger E., und Philippe Fontaine. 2010. Toward a history of the social sciences. In *The history of the social sciences since 1945*, Hrsg. Roger E. Backhouse und Philippe Fontaine, 184–233. Cambridge: Cambridge University Press.

Bell, Daniel. [1973] 1999. *The coming of post-industrial society*. New York: Basic Books.

Connelly, John. 2000. *Captive university: The sovietization of East German, Czech, and Polish higher education, 1945–1956*. Chapel Hill, NC: University of North Carolina Press.

Devátá, Markéta, und Doubravka Olšáková. 2010. Ideologizace vědy a školství, 1945–1960 [Ideologization of research and education, 1945–1960]. In *Vědní koncepce KSČ a její institucionalizace po roce 1948* [The research policy of the Communist Party of Czechoslovakia and its institutionalization after 1948], Hrsg. Markéta Devátá, Doubravka Olšáková, Vítězslav Sommer, und Peter Dinuš, 9–96. Prague: Institute for Contemporary History CAS.

Gellner, Ernest. 1974. The pluralist anti-levellers of Prague. In *Contemporary thought and politics. Selected philosophical themes, vol. II*, 158–174. London: Routledge & Kegan Paul.

Greenfeld, Liah. 1988. Soviet sociology and sociology in the Soviet Union. *Annual Review of Sociology* 14:99–123.

Hochfeld, Julian. 1956. O programu výzkumu pracovního prostředí na velkých stavbách socialism [On the program for the study of the working environment at large socialist construction projects]. *Filosofický časopis* 4(3): 441–448.

Hoppe, Jiří, Markéta Škodová, Jiří Suk, und Francesco Caccamo. 2015. *O nový československý model socialismu* ['For a new Czechoslovak model of socialism']. Prague: Institute of Contemporary History CAS.

Hrzal, Ladislav, und Karel Mácha. 1961. *Předmět a metoda historického materialismu* [The subject and method of historical materialism]. Prague: SNPL.

jkd. 1965. Na začátku rozvoje nového vědního oboru [The start of a new scientific discipline]. *Rudé právo* 27 May: 1–2.

Klofáč, Jaroslav. 1956. K možnosti a potřebě sociologického výzkumu v ČSR [On the possibility and need of sociological research in Czechoslovakia]. *Filosofický časopis* 4(3): 449–452.

Klofáč, Jaroslav, und Vojtěch Tlustý. 1959. *Současná empirická sociologie* [Contemporary empirical sociology]. Prague: Orbis.
Kohn, Pavel, und H. Kubecová. 1965. Příspěvek k vytvoření evidence sociologických pracovišť v ČSSR [Toward creating a directory of sociological centers in the Czechoslovak Socialist Republic]. *Sociologický časopis* 1(3): 336–344.
Kopeček, Michal. 2009. *Hledání ztraceného smyslu revoluce. Zrod a počátky marxistického revizionismu ve střední Evropě 1953–1960* [Quest for the revolution's lost meaning. Origins of the Marxist revisionism in Central Europe, 1953–1960]. Prague: Argo.
Lamser, Václav. 1968. Mimořádný sjezd československých sociologů [Extraordinary meeting of Czechoslovak sociologists]. *Sociologický časopis* 4(6): 741.
Machonin, Pavel. 1970. Social stratification in contemporary Czechoslovakia. *American Journal of Sociology* 75(5): 725–741.
Machonin, Pavel, et al. 1966. I. celostátní porada československých sociologů [The first country-wide consultative meeting of Czechoslovak sociologists]. *Sociologický časopis* 3(3): 347–357.
———. 1969. *Československá společnost* [Czechoslovak society]. Bratislava: Epocha.
Možný, Ivo. 2004. Brněnská anomálie? Brněnská sociologie 1963 až 1989 – subjektivní historie [The Brno anomaly? Sociology in Brno 1963–1989, a subjective history]. *Sociologický časopis/Czech Sociological Review* 40(5): 609–622.
Musil, Jiří. 2004. Poznámky o české sociologii za komunistického režimu [Remarks on Czech sociology under the communist regime]. *Sociologický časopis/ Czech Sociological Review* 40(5): 573–595.
Nešpor, Zdeněk R., et al. 2014. *Dějiny české sociologie* [The history of Czech sociology]. Prague: Academia.
Piekalkiewicz, Jaroslaw. 1972. *Public opinion polling in Czechoslovakia 1968–1969: Results and analysis of surveys conducted during the Dubček era*. New York: Praeger.
Pousta, Zdeněk. 1998. Univerzita Karlova v letech 1947–1953 [Charles University in 1947–1953]. In *Dějiny Univerzity Karlovy IV: 1918–1990*, Hrsg. Jan Havránek und Zdeněk Pousta, 263–305. Prague: Karolinum.
Richta, Radovan, et al. 1969. *Civilization at the crossroads: Social and human implications of the scientific and technological revolution*. White Plains, NY: International Arts and Sciences Press.
Skilling, H. Gordon. 1976. *Czechoslovakia's interrupted revolution*. Princeton, NJ: Princeton University Press.
Sochor, Lubomír. 1951. Pod vlivem buržoazní sociologie [Under the influence of bourgeois sociology]. *Tvorba* 20(4): 92.
Strmiska, Zdeněk. 1967. II. zpráva o publikační činnosti v oblasti sociologie [2nd report on publication activities in the field of sociology]. *Sociologický časopis* 3(4): 509–510.

Sułek, Antoni. 2010. 'To America!': Polish sociologists in the United States after 1956 and the development of empirical sociology in Poland. *East European Politics & Societies* 24(3): 327–352.

Urbánek, Eduard. 1968. O znovuzahájení výuky sociologie na Filosofické fakultě KU [On the resumption of sociology courses at Charles university's faculty of arts]. *Acta Universitatis Carolinae – Philosophica et historica* 4:5–12.

———. 1970. Sociology in Czechoslovakia. *Social Research* 37(1): 129–146.

Urbášek, Pavel, und Jiří Pulec. 2012. *Vysokoškolský vzdělávací systém v letech 1945–1969* [Higher education system in 1945–1969]. Olomouc: Palacký University.

Voříšek, Michael. 2012. *The reform generation: 1960s Czechoslovak sociology from a comparative perspective.* Prague: Kalich.

Winters, Stanley B. 1994. Science and politics: The rise and fall of the Czechoslovak academy of sciences. *Bohemia* 35:268–299.

KAPITEL 5

1969–1989: Die lange Stunde der Parteiideologen

Zusammenfassung Das neostalinistische Regime, das nach 1968 in der Tschechoslowakei errichtet wurde, führte wieder eine strenge ideologische Kontrolle über die Sozialwissenschaften ein. Die meisten führenden Köpfe der tschechischen Soziologie der 1960er-Jahre wurden aus der Disziplin ausgeschlossen oder an den Rand gedrängt. Die Bürokraten und Ideologen der Kommunistischen Partei, die die neue disziplinäre Elite bildeten, ordneten die Soziologie der marxistisch-leninistischen Theorie unter, versuchten aber auch aus Eigeninteresse, die in den 1960er-Jahren geschaffenen Institutionen zu erhalten. Die Soziologie überlebte sowohl in der Akademie der Wissenschaften als auch in den Universitätsinstituten. Während die offizielle Soziologie weitgehend unzureichend war, konnten die akademischen und professionellen Standards in der empirischen und angewandten Sozialforschung aufrechterhalten werden. Die durch das repressive politische System hervorgerufenen Pathologien, einschließlich der weitreichenden Isolierung von den Sozialwissenschaften im Westen, hinterließen in der Disziplin einen tiefen akademischen und moralischen Schaden.

Die westliche Soziologie wäre heute ohne den Beitrag der „ungehorsamen Generation", die in der pulsierenden Atmosphäre der Studentenproteste und kulturellen Experimente der 1960er-Jahre aufwuchs, nicht wiederzuerkennen (Sica und Turner 2005). Es ist eine bemerkenswerte Tatsache, dass die 1960er-Jahre in der Tschechoslowakei keine einflussreiche Kohorte hervorbrachten, die auch nur im Entferntesten mit der 68er-Generation von Soziologen im Westen vergleichbar wäre. Das liegt nicht daran, dass um 1968 an den tschechoslowakischen Universitäten ein Mangel an jungen, talentierten und an Soziologie interessierten Menschen herrschte – im Gegenteil, eine starke neue Generation trat gegen Ende des Jahrzehnts in den akademischen Betrieb ein –, sondern daran, dass die nach der sowjetischen Intervention im August 1968 eingeführte politische Unterdrückung verheerende Auswirkungen auf die akademische Karriere und oft auch auf das Privatleben hatte.

Nach dem Einmarsch wurde das reformistische politische Programm des Prager Frühlings von den Hardlinern der Kommunistischen Partei begraben, die sich auf die Zwangsgewalt der „vorübergehend" auf tschechoslowakischem Boden stationierten sowjetischen Armeedivisionen stützten (wo sie bis Anfang der 1990er-Jahre blieben). Die Begriffe „Normalisierung" und „Konsolidierung", die von der pro-sowjetischen Parteiführung als Euphemismen für die Wiedereinführung eines autokratischen Regierungssystems verwendet wurden, sind in der historischen Literatur zur Beschreibung der gesamten Periode der späten kommunistischen Herrschaft (1969–1989) übernommen worden. Hinter diesen unschuldigen Begriffen sollte sich im offiziellen Sprachgebrauch eine massive Säuberung all jener verbergen, die sich an der Reformbewegung beteiligten, organisiert von einem Regime, das zu den repressivsten, ideologisch konservativsten und isolationistischsten im Sowjetblock gehörte (siehe McDermott 2015, S. 147–181). Die schiere Vehemenz des Angriffs auf Intellektuelle, einschließlich Soziologen, nach 1968 veranlasste einen ehemaligen engagierten Stalinisten, Louis Aragon, die daraus resultierende Situation als „ein Biafra des Geistes" zu bezeichnen (1968, S. vi).

Das neostalinistische politische Establishment, das 1969 die Tschechoslowakei beherrschte, stellte wiederum eine direkte Bedrohung für die Existenz der Soziologie als unabhängige Disziplin dar. Wenn sich das Szenario der frühen 1950er-Jahre nicht wiederholte und es der Soziologie gelang, ihre völlige Abschaffung zu vermeiden, so lag das nicht daran, dass die eigentlichen Machthaber ihren Wert erkannten. Die neue disziplinäre Elite war daran interessiert, die Existenz eines Fachgebiets zu verlängern, das sie erst vor kurzem unter ihre Kontrolle gebracht hatte und das sie für ihre eigene akademische und politische Karriere benötigte. Ein Beobachter, der vor 1989 am Rande der offiziellen Soziologie stand, stellte fest: „Die Soziologie ist nicht verschwunden (ihre institutionelle Struktur

ist erhalten geblieben), was verschwunden ist, waren die Soziologen."
(Alan 1988, S. 7). Die nun offiziell sanktionierte Soziologie war eine
durch und durch ideologisierte Soziologie, in der unvoreingenommene
empirische Analysen und autonome Theoriebildung durch ritualisierte Zitate aus Dokumenten der Kommunistischen Partei und den Klassikern des
Marxismus-Leninismus ersetzt wurden. Die Praktiker der Soziologie
mussten sich damit abfinden, dass die Auseinandersetzung mit der tatsächlichen gesellschaftlichen Realität zu den zentralen Tabus des bestehenden
politischen Systems gehörte. Doch selbst unter diesen widrigen Bedingungen überlebte die Disziplin und entwickelte halboffizielle Arbeitsweisen in einem viel größeren Umfang als in den beiden Jahrzehnten nach
1948. Angewandte Forschungsinstitute in der Industrie oder im Sozial-
und Gesundheitswesen boten einen relativ sicheren Raum für empirische
Forschung mit geringem ideologischen Anspruch, der es der Soziologie
ermöglichte, eine mit der Realität verbundene Wissensform zu bleiben
und einige Fortschritte auf dem Weg der Professionalisierung zu verzeichnen, insbesondere bei der Beherrschung quantitativer Methoden
und Techniken (Musil 2004; Nešpor 2014; Voříšek 2014, S. 368–376).

Die Säuberung und ihre Folgen

„Diskontinuität" ist der Begriff, der sich als treffendste Beschreibung dessen aufdrängt, was der tschechischen Soziologie in den Jahren 1969–1973
widerfuhr. Diese Diskontinuität war sowohl personeller als auch inhaltlicher Art. Das erst kürzlich (1965) gegründete Institut für Soziologie an
der Tschechoslowakischen Akademie der Wissenschaften in Prag wurde als
Brutstätte der revisionistischen Epidemie geschlossen, sein Direktor Miloš
Kaláb und viele andere reformorientierte Mitglieder entlassen oder auf die
untersten Ränge der akademischen Hierarchie zurückgestuft. Die meisten
seiner Mitarbeiter wurden in den soziologischen Fachbereich des 1970
neu gegründeten Instituts für Philosophie und Soziologie versetzt.

Die im selben Jahr eingeleitete politische Verfolgung richtete sich zunächst gegen die Mitglieder der Kommunistischen Partei und dann gegen
alle anderen (mit Ausnahmen für das Reinigungspersonal hier und da).
Die offizielle Interpretation der Reformbewegung von 1968 wurde in
einem Dokument mit dem Titel „Lehren aus der krisenhaften Entwicklung
von Partei und Gesellschaft nach dem 13. Parteitag" festgehalten, das
Ende 1970 vom Zentralkomitee der Partei verabschiedet und im ganzen
Land frenetisch verbreitet wurde. Diesem Dokument zufolge gehörte die

Soziologie zu jenen akademischen Bereichen, in denen reformwillige Parteimitglieder der bürgerlichen Ideologie und dem Antikommunismus erlegen waren. Der zentrale Protagonist der Wiederbelebung der Soziologie in den 1960er-Jahren, Pavel Machonin, wurde zu den gefährlichsten Vertretern des „rechten Opportunismus" in der Partei gezählt. In der „Belehrung" wurden zahlreiche weitere Kategorien politischer Verfehlungen wie „Revisionismus", „Antisozialismus", „Antisowjetismus", „kleinbürgerliche Tendenzen" oder „Zionismus" genannt.

Besonders drastisch war die Säuberung der politischen Gegner am Institut für Philosophie und Soziologie. Die institutseigenen Parteieinheiten wurden aufgelöst und 72 % der Parteimitglieder verloren ihre Mitgliedsausweise. Insgesamt wurden etwa 70 von 180 Mitarbeitern nach einer negativen Entscheidung der Prüfungskommissionen entlassen (Prokůpek 2002, S. 206–211). Auch andere Fachinstitutionen waren stark betroffen. Das Institut für Politik- und Sozialwissenschaften der Karls-Universität (ehemals Institut für Marxismus-Leninismus für das Hochschulwesen), an dem Machonin sein Forschungsprojekt über die Sozialstruktur der tschechoslowakischen Gesellschaft durchgeführt hatte (Machonin et al. 1969), wurde zwangsläufig aufgelöst. Die Leiter der soziologischen Institute an den Universitäten in Prag und Brünn wurden ausgetauscht, und Fakultätsmitglieder, die als Anhänger der Reformbewegung bekannt waren, wurden entlassen oder versetzt. Die Zulassung neuer Studenten wurde für mehrere Jahre unterbrochen. Bei der nationalen soziologischen Zeitschrift, *Sociologický časopis*, wurden die Chefredakteurin und die meisten Mitglieder des Redaktionsausschusses durch zuverlässige Parteimitglieder ersetzt, deren Namen mehrere Jahre lang nicht veröffentlicht wurden. Eine ähnlich verheerende Säuberungsaktion betraf die Tschechoslowakische Soziologische Gesellschaft, die 1969 50 % ihrer Mitglieder und die meisten Mitglieder ihrer Leitungsgremien verlor, einschließlich ihrer ersten beiden Präsidenten, Jaroslav Klofáč und Josef Solař. Mehrere führende Persönlichkeiten der Soziologie der 1960er-Jahre emigrierten in westliche Länder.[1]

Der Bruch mit der Vergangenheit war auch im inhaltlichen Sinne weitreichend, obwohl man eher von einem Rückfall in das proto-soziologische Stadium vor der Wiederbelebung der tschechischen Soziologie Mitte der 1960er-Jahre sprechen sollte. Wie Jan Fojtík, der mächtige Sekretär des Zentralkomitees der Partei nach 1968, und andere Partei-Ideologen, einschließlich derer, die *in* der Soziologie aktiv waren, nicht müde wurden zu wiederholen, bestand die Hauptsünde der Soziologie der 1960er-Jahre darin, dass sie sich nicht von den wahren Interessen der Arbeiterklasse leiten ließ, deren einziger legitimer Interpret die Kommunistische Partei war. Die reformistische Soziologie musste dafür büßen, dass sie „die Methode des historischen Materialismus als theoretische Grundlage für die Untersuchung der sozialen Wirklichkeit aufgegeben" hatte (Fojtík 1972, S. 161). Im Rahmen des „Konsolidierungsprozesses" wurde die Soziologie erneut als eine Disziplin betrachtet, deren Existenz nur durch ihre sklavische Übereinstimmung mit der marxistisch-leninistischen Philosophie gerechtfertigt werden konnte. Die Auffassung, dass die Sozialwissenschaften direkt den Interessen der Partei untergeordnet seien, wurde von dem ehemaligen Reformisten Radovan Richta, der zu einer zentralen Figur des Normalisierungsprozesses in der tschechischen Philosophie und Soziologie wurde, unmissverständlich zum Ausdruck gebracht:

> Ein echter wissenschaftlicher Beitrag und eine echte Erkenntnis sind gerade deshalb möglich, weil der Forscher – Philosoph, Soziologe – sich der Wirklichkeit im vollen Bewusstsein seines tatsächlichen sozialen (und damit auch klassenmäßigen) Hintergrunds nähert, weil er sich und seine Arbeit als Teil der kognitiven und praktisch-kritischen Tätigkeit der Partei betrachtet ... Daraus folgt, dass die Kontrolle über die Forschung der Partei der Arbeiterklasse [*d. h. der Kommunistischen Partei-M. S.*] als dem grundlegenden subjektiven Bestandteil des gesamten Prozesses des Verstehens und der Umgestaltung der Welt obliegt. (Richta 1973, S. 339)

Die Gruppe, die nach 1968 in der tschechischen Soziologie Machtpositionen erlangte, bestand mit wenigen Ausnahmen aus zweit- oder drittklassigen Individuen, die oft keine professionellen Soziologen, sondern marxistisch-leninistische Philosophen, „wissenschaftliche Kommunisten" und Parteiideologen waren. Ihr Aufstieg wäre nicht möglich gewesen, wenn sie nicht die führenden Vertreter der Soziologie der 1960er-Jahre abgesetzt und während der Säuberungen Anfang der 1970er-Jahre jedes Gefühl der Unabhängigkeit unter den Soziologen unterdrückt hätten. Um ihre Macht zu festigen und eine mögliche Revolte zu verhindern, musste die disziplinäre Elite vor allem im Umgang mit der jüngeren Generation äußerste Vorsicht walten lassen. Die nach der Säuberung frei gewordenen Stellen wurden mit jungen Hochschulabsolventen besetzt, die sich entweder nicht für die Reformen von 1968 interessiert hatten oder denen die Gelegenheit fehlte, sich mit ihnen zu beflecken. Eine sorgfältige Personalauswahl, bei der akademische Qualitäten oft weniger wichtig waren als persönliche

Loyalität und ideologischer Konformismus, garantierte die Sicherheit der führenden Köpfe des Fachs und ermöglichte gleichzeitig einen Generationswechsel in der Zukunft. Diese Zukunft lag jedoch in weiter Ferne, da die offiziellen Vertreter der tschechischen Soziologie, abgesehen von den Verstorbenen, bis zum Zusammenbruch des kommunistischen Regimes im Jahr 1989 fast unverändert blieben – eine Situation, die die Unveränderlichkeit der politischen Eliten des Landes widerspiegelte.

Dieser „eingefrorene" Charakter der Disziplin lässt sich an mehreren prominenten Beispielen aufzeigen. Radovan Richta, der einzige Vertreter der „normalisierten" Soziologie, der für seine Arbeit breite internationale Anerkennung fand, war bis zu seinem Tod im Jahr 1983 Direktor des reorganisierten Instituts für Philosophie und Soziologie. 1970 wurde der Neuling František Charvát im Alter von 30 Jahren an die Spitze der soziologischen Abteilung des Instituts katapultiert, weil er es verstand, Mathematik mit Parteiideologie zu verbinden. Als Charváts Chancen auf die Nachfolge Richtas als Institutsleiter durch die Ernennung eines *Parteiapparatschiks* zunichte gemacht wurden, zog er 1986 nach Wien, um (im Auftrag der tschechoslowakischen Regierung) Direktor des Europäischen Koordinierungszentrums für Forschung und Dokumentation in den Sozialwissenschaften der UNESCO zu werden. In den Jahren 1970–1989 hatte die offizielle Zeitschrift der tschechischen Soziologie, *Sociologický časopis*, nur einen Chefredakteur, Karel Rychtařík, der zuvor an der Militärakademie tätig gewesen war und die Funktion des Herausgebers der Zeitschrift mit der des Direktors des Instituts für Meinungsforschung des Statistischen Bundesamtes verband. Die mächtigste Figur der Soziologie an der Karls-Universität in Prag, Antonín Vaněk, war Leiter des Instituts für Marxismus-Leninismus (1972–1977), dann (1977–1989) Vorsitzender des Instituts für Soziologie an der Philosophischen Fakultät und auch Dekan dieser Fakultät (1986–1989). Diese Liste, die um einige, aber nicht allzu viele andere Namen erweitert werden könnte, ist bezeichnend für die außerordentliche Konzentration der disziplinären Macht in den Händen einiger weniger.

Die Pathologien des „normalisierten" akademischen Lebens

Die Funktionsweise der Soziologie in ihren verschiedenen Formen, von der offiziellen bis zur illegalen, spiegelte die allgemeinen Bedingungen des gesellschaftlichen Lebens unter dem Regime der Normalisierungsära wider. Durch die steile vertikale Machthierarchie war die große Mehrheit der Bevölkerung der Gnade einer kleinen Elite ausgeliefert, die sich in hohem Maße auf den repressiven Apparat von Polizei, Geheimpolizei und Armee stützte. In Verbindung mit einem gut organisierten System der Informationsbeschaffung und Überwachung konnte die Partei unter anderem alle Beschäftigungsmöglichkeiten, den Zugang zu Bildungseinrichtungen und Reisen ins Ausland kontrollieren und hatte damit ein enormes Druckmittel in der Hand, um jeden Einzelnen unter Zwang zu setzen, zu erpressen und abzuschrecken (Šimečka 1984). Diese Herrschaftsinstrumente, mit denen die Vertreter des Normalisierungsregimes außerordentlich virtuos umzugehen lernten, wurden auch innerhalb der Soziologie von den neuen offiziellen Führungsfiguren der Disziplin eingesetzt. Es ist im Nachhinein schwer zu sagen, ob ihre Motivation dafür überwiegend ideologisch oder eher eigennützig war. Diese dominante Gruppe war eine Ansammlung sehr unterschiedlicher persönlicher und beruflicher Typen, darunter halbgebildete *Apparatschiki*, fanatische Ideologen, zynische Mitläufer und nicht zuletzt fachlich kompetente Soziologen, die aus einer Mischung aus Opportunismus und echter Überzeugung in der Lage waren, unter den neuen politischen Bedingungen wichtige Positionen zu übernehmen. Die allgemeine Atmosphäre veränderte sich. In den ersten Jahren der Normalisierung waren die Parteifunktionäre der Sozialwissenschaften noch einer Soziologie verpflichtet, die eine echte Weiterentwicklung der marxistisch-leninistischen Prinzipien darstellte, doch in den späteren Jahren war die vorherrschende Haltung pragmatischer (oder zynischer) und verlangte nur äußerliche Zeichen der Konformität mit den ideologischen Vorgaben (Oates-Indruchová 2008, S. 1776).

Die tschechische soziologische Gemeinschaft der Normalisierungsära lässt sich unterteilen in Mitglieder der Kommunistischen Partei (zu der fast alle Vertreter der offiziellen disziplinären Elite gehörten), unparteiische Soziologen und ehemalige Parteimitglieder, die wegen tatsächlicher oder erfundener Vergehen gegen das gegenwärtige Regime in Ungnade gefallen waren. Eines der vielen Paradoxe der Tschechoslowakei nach der Invasion ist, dass die Säuberungen für reformorientierte Parteimitglieder verheerendere Folgen hatten als für Nichtmitglieder. Letztere waren zwar seit 1948 generell von wichtigeren institutionellen Positionen ausgeschlossen und blieben auch nach 1968 Bürger zweiter Klasse, doch ihre mangelnde politische Bedeutung schützte sie vor dem Zorn der neuen Machthaber. Der Umgang der Partei mit denjenigen ihrer Mitglieder, die nicht mit der prosowjetischen Linie konform gingen, war sehr differenziert. Die schwerste Strafe, der *Ausschluss* aus der Partei, hatte in der Regel die Entlassung und ein dauerhaftes Verbot einer akademischen Tätigkeit zur Folge. Im Gegensatz dazu stellte die *Aufhebung* der Parteimitgliedschaft eine mildere Form der Disziplinarmaßnahme dar, die „nur" den Abstieg des Betroffenen in eine niedrigere (oft vorübergehend) Position zur Folge hatte (Prokůpek 2002; McDermott 2015, S. 157).

Die Überprüfung der politischen Zuverlässigkeit des Einzelnen war nicht nur ein Merkmal der großen Säuberungsaktion Anfang der 1970er-Jahre, sondern ein ständiges Merkmal des Regimes und eine seiner tief verwurzelten Obsessionen. Die Überprüfung von Parteimitgliedern, die unschuldig als „Austausch von Mitgliedsausweisen" bezeichnet wurde, um den falschen Eindruck zu erwecken, es handele sich um ein rein technisches Verfahren, konnte jederzeit wiederholt werden, und zwar mit schwerwiegenden Folgen für Personen, die in keinem guten Verhältnis zur Partei standen, wie es 1979 an der Karls-Universität der Fall war (siehe unten). Nicht minder wichtig ist, dass regelmäßig politische Begutachtungen für jeden Forscher, Lehrer und Studenten erstellt wurden, die zur Routine der kommunistischen Herrschaftsausübung gehörten und den Machthabern immer wieder Gelegenheit boten, ihren Groll gegen Kollegen und Konkurrenten zu begleichen (Petráň 1998, S. 461–466). Das akademische Leben war streng hierarchisch organisiert, wobei die Auswirkungen auf den Einzelnen durch die Vielzahl der Hierarchien, denen jeder untergeordnet war, noch verstärkt wurden (Jareš et al. 2012). Akademiker waren in ihrer beruflichen Existenz nicht nur von ihren Institutsleitern und Dekanen oder Direktoren abhängig, sondern auch von den allgegenwärtigen Einheiten der Kommunistischen Partei, die auf mehreren Ebenen gleichzeitig agierten (auf Instituts, Fakultäts-, Universitäts-, Bezirks-, Stadt-, Regional- oder Landesebene, aber auch in der Nachbarschaft des eigenen Wohnorts), sowie von der jeweiligen lokalen Gewerkschaft, dem Sozialistischen Jugendverband, dem Tschechoslowakisch-Sowjetischen Freundschaftsverband und anderen Organisationen innerhalb der Scheinöffentlichkeit des autoritären Staates. Da für die grundlegendsten Aktivitäten des akademischen Lebens (Unterrichten und Beraten von Studenten, Veröffentlichen eines Artikels oder eines Buches, Sprechen auf einer Konferenz im In- oder Ausland, Empfangen ausländischer Gäste, Besorgen eines ausländischen Buches aus der Bibliothek) die Genehmigung der Vorgesetzten in der Partei und den akademischen Strukturen erforderlich war, herrschte ein weit verbreitetes Gefühl der Entmachtung gegenüber diesem riesigen Netzwerk von Entscheidungsträgern, Kontrolleuren und Informanten (für eine westliche Sichtweise siehe Wolchik 2013). Die Willkür der bürokratischen Macht ging Hand in Hand mit grassierendem Nepotismus (Laiferová 2014, S. 21). Kinder, Ehefrauen (es dürfte inzwischen klar geworden sein, dass die Machtelite bei weitem überwiegend männlich war) und andere Verwandte oder Schützlinge einflussreicher Partei- und Wissenschaftsfunktionäre wurden in Positionen eingesetzt, die oft ihre Qualifikationen und Fähigkeiten überstiegen. Vetternwirtschaft, politische Einflussnahme und Korruption waren auch bei der Zulassung neuer Studenten an der Tagesordnung (Ulč 1978, S. 429).

Ein weiterer perverser Aspekt des akademischen Lebens unter der Normalisierung, der sich aus dem extremen Machtgefälle und dem entsprechenden Mangel an Rechenschaftspflicht seitens der Vorgesetzten ergab, war ein weitverbreitetes Fehlen von akademischer Integrität. Die Standardinstrumente der akademischen Qualitätssicherung, wie z. B. die unvoreingenommene Begutachtung durch Fachkollegen, waren ineffektiv und rein formaler Natur. Die vielleicht schwerwiegendste Folge der autoritären Organisation des akademischen Bereichs war eine beispiellose Missachtung der Rechte an geistigem Eigentum. Verbotene Autoren waren gezwungen, unter Pseudonymen oder unter den Namen ihrer Bekannten zu veröffentlichen, wenn ihre Arbeiten überhaupt gedruckt werden konnten. Häufig gab es Fälle von geistigem Diebstahl, bei denen gut situierte Personen vorgaben, dass die Texte verfolgter oder weniger gut vernetzter Kollegen ihre eigenen seien (Stehlíková in Konopásek 2000, S. 261). Eine rechtliche oder moralische Wiedergutmachung war in solchen Fällen fast unmöglich. Wirtschaftlicher Druck zwang Personen in untergeordneten Positionen oder am Rande der akademischen Welt dazu, Artikel, Bücher oder Dissertationen für ihre Chefs, für mächtige Parteifunktionäre oder für die Verwandten dieser Personen zu schreiben. Oft trugen dieselben Soziologen auch die Last der Forschung und des Verfassens von Abhandlungen, die dann von ihren Vorgesetzten auf internationalen Konferenzen vorgelesen wurden, an denen die eigentlichen Autoren nicht teilnehmen durften.

Diese und andere Pathologien des akademischen Lebens (und des sozialen und persönlichen Lebens im weiteren Sinne) während der Normalisierung wurden von tschechischen und slowakischen Soziologen in ihren Memoiren und autobiografischen Analysen beschrieben (Potůček 1995; Konopásek 2000; Skovajsa 2004). Das Bild ist jedoch immer noch unvollständig, da es keine veröffentlichten Berichte über die Soziologie der Normalisierungsära von der anderen Seite der Kluft gibt, d. h. von der ehemaligen disziplinären Elite. Es ist auch erwähnenswert, dass der Beitrag der Soziologie zur Erklärung der besonderen sozialen Mechanismen der tschechoslowakischen Normalisierung eher gering bleibt. Die eindringlichsten kritischen Abhandlungen über das „normalisierte" gesellschaftliche Leben finden sich nicht in soziologischen Studien, sondern in Werken wie Václav Havels offenem Brief an den tschechoslowakischen Präsidenten Gustáv Husák aus dem Jahr 1975 (Havel 1992) oder Milan Šimečkas Beschreibung des vom Regime nach 1968 geschaffenen Herrschaftssystems (Šimečka 1984). Als die Soziologie schließlich einen Beitrag leistete, wie in der Samisdat-Zeitschrift *Sociologický obzor* (*Soziologischer Horizont*), die 1987–1989 von Josef Alan und Miloslav Petrusek illegal herausgegeben wurde, eilte das kommunistische System bereits seinem Zusammenbruch entgegen. Die Normalisierung und der Kommunismus im weiteren Sinne blieben auch nach 1989 ein marginaler Gegenstand soziologischer Untersuchungen, was die Feststellung von Christian Fleck und Andreas Hess bestätigt, dass eine „Soziologie des Kommunismus", die diesen Namen verdient, noch nicht etabliert ist (Fleck und Hess 2011, S. 671).

Soziologische Tätigkeitsfelder

Die Schriften der offiziellen tschechischen Soziologie der 1970er- und 1980er-Jahre haben seit 1989 mit wenigen Ausnahmen bei den tschechischen Lesern nur ein dokumentarisches Interesse gefunden und wurden in den einschlägigen internationalen Diskussionen kaum beachtet. Diese Situation ist auf eine Kombination von Faktoren zurückzuführen: Viele kompetente Soziologen fielen den Säuberungen nach 1968 zum Opfer; das Potenzial für originelle Theorien und Forschungen wurde durch die strenge ideologische Kontrolle durch die Partei ernsthaft untergraben; bestimmte wichtige Fachvertreter waren einfach nicht daran interessiert, einen originellen Beitrag zur Wissenschaft zu leisten; und ein akademisches System, das auf politischem Konformismus aufbaute, förderte akademische Exzellenz kaum. Hinzu kommt die weitgehende Isolierung von der Entwicklung der Disziplin im Westen, die als Teil des Systems der staatlichen Kontrolle über das Leben der Bürger aufrechterhalten wurde. Die Tschechoslowakei beteiligte sich zwar an den Aktivitäten der International Sociological Association (ISA) oder an verschiedenen von der UNESCO und anderen internationalen Organisationen geförderten

Forschungsprojekten, doch die Teilnahme daran war das Privileg einer kleinen Gruppe von offiziellen Vertretern der Disziplin. Trotz ihres 20-jährigen monopolistischen Zugangs zur ISA als tschechoslowakische Nationaldelegierte spielten die führenden Persönlichkeiten der Soziologie der Normalisierungsära nie eine vergleichbare Rolle wie die polnischen oder sowjetischen Soziologen (siehe Bucholc 2016, S. 50–52).

Ein weiterer wichtiger Aspekt der Politik der tschechoslowakischen Regierung, die Türen zur Außenwelt geschlossen zu halten, war, dass der intellektuelle Austausch mit dem Westen, der von Regierungen oder philanthropischen Stiftungen gefördert wurde, stärker eingeschränkt war als im benachbarten Polen oder Ungarn. Infolgedessen entwickelte sich die überwiegende Mehrheit der tschechischen Soziologen in den 1970er- und 1980er-Jahren in einer Situation, die durch ein Minimum an persönlichen Kontakten mit ihren westlichen Kollegen und einen recht begrenzten Zugang zu neuer westlicher Literatur gekennzeichnet war. Während die Beschäftigung mit Theorien und Methoden aus dem Westen ein etablierter Teilbereich war, der als „Kritik der bürgerlichen und antikommunistischen Ideologie" bezeichnet wurde, blieb jede wohlwollende Rezeption nicht-marxistisch-leninistischer Ansätze bis in die späten 1980er-Jahre verboten.

Die internen Gründe für das schlechte Abschneiden der offiziellen marxistisch-leninistischen Soziologie in der Tschechoslowakei liegen in der aussichtslosen Aufgabe, die die parteieigenen Verantwortlichen für die Sozialwissenschaften von ihr erwarteten. Am fatalsten für die Soziologie als empirische und kritische Wissenschaft war der Druck, der auf sie ausgeübt wurde, um immer wieder zu beweisen, dass in der Kollision zwischen der offiziellen Ideologie und der gesellschaftlichen Realität die Ideologie immer Recht hat (Alan 1988, S. 11–12). Die offensichtliche Unmöglichkeit dieser Aufgabe ging einher mit dem obsessiven Bemühen der offiziellen Autoren, jede Form von „unkorrektem" sozialem Denken zu denunzieren. Die 1970er- und 1980er-Jahre waren die Blütezeit der offiziellen Diffamierungskritik, die sich gegen „bürgerliche" Autoren aus dem Westen sowie gegen tschechische und andere Autoren aus dem Sowjetblock richtete, die von der offiziellen Linie abwichen. In Anbetracht des eklatanten Mangels an akademischer Kompetenz (z. B. bei der Behandlung von Vilfredo Pareto als „amerikanischer Soziologe") war der wissenschaftliche Beitrag von Werken wie der feindseligen Beurteilung der westlichen Soziologie durch den Parteiideologen Ladislav Hrzal bestenfalls zweifelhaft (Hrzal 1973; siehe S. 42). In moralischer Hinsicht war diese Kritik besonders problematisch, wenn sie sich gegen die einheimischen Vertreter des „Revisionismus" und des „rechten Opportunismus" richtete, die jeglicher Verteidigungsmittel beraubt worden waren.

Die rigide Durchsetzung der offiziellen marxistisch-leninistischen Doktrin machte jegliches autonome theoretische Denken, einschließlich jeder Art von „kreativem" Marxismus, unmöglich. Auch die empirische Soziologie, die an den zentralen Institutionen der Disziplin (Akademie der Wissenschaften und Universitäten) betrieben wurde, unterlag einer strengen ideologischen Kontrolle, Zensur und Selbstzensur. Zu ihren bevorzugten Themen gehörten die Sozialstruktur und die Arbeiterklasse (in einer Auffassung, die sich polemisch gegen das Buch von Machonin et al. aus dem Jahr 1969 richtete, siehe Kap. 4), die sozialistische Lebensweise, die wissenschaftliche und technologische Revolution (ein Schwerpunkt, der zusammen mit Richta das Jahr 1968 überlebte, dabei aber den größten Teil seiner humanistischen Anziehungskraft verlor), die Jugend, die Sozialplanung und -prognose, automatische Verwaltungssysteme und andere Probleme der Industriesoziologie (Petrusek 1988; Voříšek 2014, S. 362–376). Bestimmte Themen konnten nicht untersucht werden, da die offizielle Ideologie ihre Existenz in einer sozialistischen Gesellschaft *ex hypothesi* ausschloss (z. B. Armut – Večerník 2011).

Soziologen, die keine einwandfreie politische Legitimation besaßen oder nicht bereit waren, weitreichende Kompromisse mit der herrschenden Ideologie einzugehen, wurden weg von politisch aufgeladenen Themen in eher technische und marginale Forschungsbereiche abgedrängt. Parallel zu den Eliteinstitutionen, in denen ideologische Konformität rigide durchgesetzt wurde, bildete sich allmählich eine halboffizielle akademische Sphäre heraus, die einen wichtigen Teil des weiten Mittelfelds zwischen der Kommunistischen Partei und der antikommunistischen Opposition darstellte, für das die dissidente Soziologin Jiřina Šiklová (1990) den Begriff „Grauzone" geprägt hat. Insbesondere die Stadt- und Regionalsoziologie war ein geschützter Raum für nicht-marxistische Soziologen, von denen einige (Jiří Musil, Michal Illner) nach 1989 zu großem Einfluss gelangten (Musil 2004; Szelényi 2012). Die empirische Soziologie konnte auch in der angewandten Industrieforschung, in der Planung und Prognose, im Gesundheitswesen, im Sport und in der Kultur mit einem gewissen Grad an Autonomie praktiziert werden. Diese Autonomie ging jedoch nicht über relativ offene Diskussionen, Seminare und Konferenzen sowie Publikationen mit geringer Auflage hinaus. Ihre Fragilität zeigte sich immer wieder in Auseinandersetzungen mit der

Parteiführung (Nešpor 2014, S. 123–126). Eine besonders subversive Forschungseinheit mit Sitz im staatlichen sozialistischen Unternehmen Sportpropag,[2] zu deren Mitarbeitern Machonin und andere verbotene Soziologen gehörten, musste 1983 schnell aufgelöst werden, nachdem ein von ihr herausgegebener Tagungsband dem Zentralkomitee bekannt geworden war (siehe Kabele 2011).

Der Rückzug in die angewandte Sozialforschung war unter den gegebenen Umständen ein wirksamer Verteidigungsmechanismus, der jedoch eine weitreichende Degradierung der Disziplin nicht verhindern konnte. Die häufigste Reaktion auf die allgegenwärtige ideologische Überwachung unter tschechischen Soziologen aus dem offiziellen und halboffiziellen Bereich war die Abkehr von jeglicher Form der theoretischen Rahmung hin zu schlichter Empirie und „soziotechnischen" Anwendungen. Die Sozialforschung konnte sich relativ ungehindert vom politischen Diktat entwickeln, vorausgesetzt, die Forschungsthemen waren ausreichend unbedeutend und eng begrenzt, um keinen Verdacht innerhalb der Partei zu erregen. Die Methodologie wurde zum vielleicht größten Bereich innerhalb der tschechischen Soziologie, da sie die einfachste Möglichkeit darstellte, die wirklichen sozialen Probleme und Pathologien der Normalisierungsära zu umgehen. Doch wie Petrusek in seiner vernichtenden Kritik am Zustand der Disziplin in den späten 1980er-Jahren feststellte, waren viele methodologische Arbeiten rein technisch und im Vergleich zum internationalen Stand der Forschung veraltet (Petrusek 1988, S. 30).

Die verheerenden Auswirkungen der direkten politischen Kontrolle waren besonders stark bei den Meinungsumfragen zu spüren, die am Institut für Meinungsforschung (das in den frühen 1970er-Jahren mehrere Umstrukturierungen überstand) und an mehreren anderen akademischen Zentren wie der Höheren Schule für Politik (ehemals Höhere Parteischule, die nach 1968 umbenannt und gründlich von „opportunistischen" Elementen gesäubert wurde) durchgeführt wurden. Obwohl die Meinungsumfragen oft wichtige Themen betrafen (einschließlich des Bewusstseins der Bevölkerung über die Tschernobyl-Katastrophe im Jahr 1986), waren die Berichte mit den vollständigen Informationen und Analysen streng geheimes Material, das nur den autorisierten Mitarbeitern des Zentralkomitees zugänglich war. Wenn Studien, die auf Meinungsdaten basierten, überhaupt in wissenschaftlichen Zeitschriften veröffentlicht wurden, waren sie von allen sensiblen Informationen bereinigt und folgten streng der offiziellen Parteilinie (Šiklová 1988).

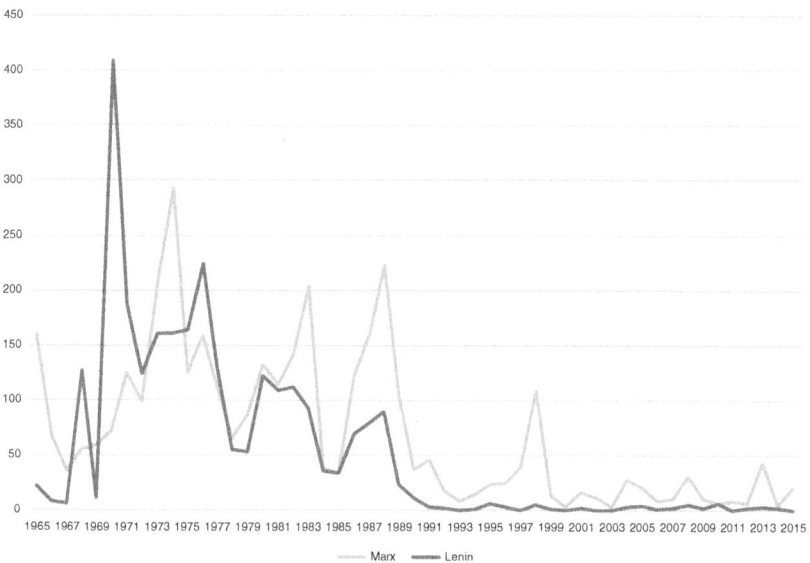

Abb. 5.1 Häufigkeit des Auftretens der Begriffe „Marx" und „Lenin" in *Sociologický časopis/Czech Sociological Review*, 1965–2015. *Hinweis*: Basierend auf einer Volltextsuche in der Zeitschrift

Die Re-Ideologisierung der tschechischen Soziologie und ihre Isolierung von der westlichen Literatur im Zuge der Normalisierung lässt sich anhand der Daten des *Sociologický časopis* veranschaulichen. Wie Abb. 5.1 zeigt, wurden die gleichnamigen Begründer des Marxismus-Leninismus in den beiden Jahrzehnten der Normalisierung viel häufiger zitiert als jemals zuvor oder danach. Lenins Autorität wurde unmittelbar nach 1969 am stärksten genutzt, als das Überleben der Soziologie alles andere als sicher war und die Berufung auf Lenin bedeutete, sowohl gegenüber der sowjetischen als auch der nationalen Parteiführung auf Nummer sicher zu gehen. Der Name von Marx tauchte während des größten Teils der Normalisierung durchweg seltener auf als der von Lenin, doch erwies sich die Präsenz von Marx in den letzten Jahren vor 1989 als resistenter gegen den Niedergang.

Eine umgekehrte Entwicklung ist bei den Einflüssen aus dem Westen zu beobachten. Abb. 5.2 zeigt die durchschnittliche Anzahl der bibliographischen Verweise in *Sociologický časopis* auf die drei „zentralen" US-amerikanischen Zeitschriften (d. h. ASR, AJS und *Social Forces* – Allen

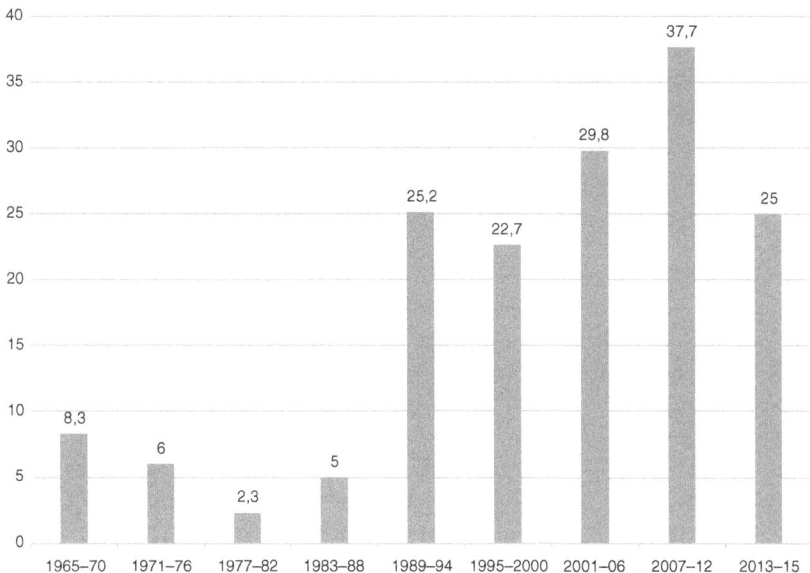

Abb. 5.2 Jährliche durchschnittliche Anzahl der Verweise auf die wichtigsten US-Zeitschriften in *Sociologický časopis/Czech Sociological Review*, 1965–2015, in 6-Jahres-Zeiträumen. *Hinweis*: Daten für 1965–2003 aus einer Volltextsuche in der Zeitschrift, für 2004–2015 aus Journal Citation Reports, Web of Science (Zugriff am 17. Dezember 2016)

1990) nach Sechsjahreszeiträumen. Die Daten zeigen, dass vor allem zwischen Mitte der 1970er- und Mitte der 1980er-Jahre nur sehr selten auf US-amerikanische Zeitschriften verwiesen wurde – weniger häufig als in den liberalen 1960er-Jahren und viel seltener als in der postkommunistischen Zeit. Im Großen und Ganzen zeigte die offizielle Zeitschrift der tschechischen Soziologie dasselbe Verhalten in Bezug auf Referenzen und Zitate, wie es Ivan Dianiška in seiner kritischen Bewertung des slowakischen Pendants *Sociológia* (Dianiška 1989) darlegte. Dieses Muster lässt sich wie folgt zusammenfassen: ein starker Rückgang der Zahl der Verweise auf westliche soziologische Literatur nach 1969, ergänzt durch einen ebenso starken Anstieg der Zahl der Verweise auf Publikationen aus dem Sowjetblock, insbesondere aus der Sowjetunion selbst; ein klarer Schwerpunkt auf der nationalen Literatur; häufige, wenn auch schwankende Verweise auf klassische marxistisch-leninistische Autoren; ähnlich zyklische Verweishäufigkeiten auf Dokumente der Kommunistischen Partei, die in einem durch den Zeitplan der Parteikongresse bestimmten Rhythmus alle fünf Jahre einen Höhepunkt erreichen; und spärliche Verweise auf die nationale Soziologie vor 1948 und der 1960er-Jahre.

Die Reproduktion der Soziologie an den Universitäten und im nationalen Verband

Das Regime der Normalisierungs-Ära schloss schnell Universitätsinstitute, die es als unvereinbar mit der offiziellen Parteilinie ansah. Alle Lehrstühle für Marxismus-Leninismus, die durch das revisionistische Denken der 1960er-Jahre verunreinigt worden waren, wurden aufgelöst und durch neue Institute für Marxismus-Leninismus ersetzt, die von pro-sowjetischen Loyalisten geleitet wurden. Die soziologischen Institute in Prag und Brünn, die die einzigen waren, an denen die Studenten so etwas wie eine akademische Soziologieausbildung erhalten konnten, wurden 1971 aufgelöst. Politisch inakzeptable Mitarbeiter wurden entlassen und der Rest in die neu geschaffenen Institute für marxistisch-leninistische Philosophie versetzt. An der Philosophischen Fakultät in Prag wurde die Soziologie dem Institut für wissenschaftlichen Kommunismus und Sozialforschung unterstellt, das neben den Instituten für dialektischen und historischen Materialismus, Geschichte der Philosophie, Logik und politische Ökonomie existierte. Das Institut für wissenschaftlichen Kommunismus wurde bald wieder in das Institut für Soziologie umbenannt, aber die Situation verschlechterte sich in der zweiten Hälfte der 1970er-Jahre erneut. Sowohl der Studiengang als auch das Institut (das 1977 wiedergegründet wurde) wurden in „marxistisch-leninistische Soziologie" umbenannt. Die quasi-obligatorische Anforderung, dass das Lehrpersonal Mitglied der Kommunistischen Partei sein musste, führte in Verbindung mit einer neuen Welle politischer Überprüfungen zur Entlassung mehrerer Mitglieder des Instituts, darunter des späteren Dekans der Fakultät für Sozialwissenschaften der Karls-Universität nach 1989, Miloslav Petrusek (Urbánek 1994, S. 86; Petrusek 2004, S. 603–605). Die extrem strenge Parteikontrolle über die Philosophische Fakultät sorgte dafür, dass das Studium der Soziologie in Prag vor 1989 stark ideologisiert blieb. Dennoch war das Studium an der damals renommiertesten Hochschule für Geistes- und Sozialwissenschaften in der Tschechoslowakei weiterhin attraktiv für Studenten, von denen viele später Soziologen auf Lebenszeit wurden. Von 1977 bis 1984 schlossen 184 Studenten das Soziologiestudium an der Karls-Universität ab, durchschnittlich 26 pro Jahr, darunter 10 % Ausländer (Duffková 1985, S. 427).

Die Entwicklungen in Brünn ähnelten denen in der Hauptstadt, nur dass der Grad der ideologischen Kontrolle (und auch die fachlichen Qualifikationen und persönlichen Eigenschaften der Personen in Führungspositionen) für das Überleben der Soziologie als akademische Standarddisziplin günstiger war. Als 1971 die Soziologie zu einer bloßen Abteilung des Instituts für marxistisch-leninistische Philosophie wurde, wurden politisch „unzuverlässige" Fakultätsmitglieder, darunter der spätere Gründungsdekan der Brünner Fakultät für Sozialstudien von 1998, Ivo Možný, in das angegliederte Labor für Sozialforschung (siehe Kap. 4) versetzt und mit einem Lehr- und Publikationsverbot belegt. Erst 1980 wurde die Forschungseinheit zu einem Institut für marxistisch-leninistische Soziologie umgewandelt. Die langsame, aber stetige Lockerung der Beschränkungen für die akademische Arbeit führte in den 1980er-Jahren zu einer allmählichen Wiederaufnahme echter soziologischer Aktivitäten und zur Einstellung vielversprechender jüngerer Dozenten; diese Faktoren verschafften Brünn in der Zeit nach 1989 einen Wettbewerbsvorteil gegenüber Prag (Možný 2004, S. 614–621).

In den ersten Jahren nach dem Beginn der Normalisierung, als noch nicht klar war, ob die Soziologie überhaupt existieren würde, wurden in Prag und Brünn keine neuen Studenten zum Studium der Soziologie zugelassen, und erst 1973 wurden wieder Studienanfänger aufgenommen.[3] Der Lehrplan war stark ideologisch geprägt, so dass relativ wenig Platz für soziologische Kurse blieb. Nach Angaben des Leiters des Prager Instituts, Antonín Vaněk, war das soziologische Curriculum ab 1978 für alle drei tschechoslowakischen Institute (zwei tschechische, ein slowakisches in Bratislava) gleich und bestand aus vier Teilen:

1. Kernkurse, die für alle Studiengänge erforderlich waren, darunter die Geschichte der tschechoslowakischen kommunistischen Partei und der internationalen Arbeiterbewegung, marxistisch-leninistische Philosophie, wissenschaftlicher Kommunismus, wissenschaftlicher Atheismus und Russisch (insgesamt 1215 Unterrichtsstunden);
2. Ergänzungskurse wie eine zweite (westliche) Sprache, politisches Praktikum, Sport und Bürgerwehr (405 Unterrichtsstunden plus weitere 600 Stunden militärische Ausbildung für männliche Studenten); der einzige soziologische Kurs in dieser Gruppe war die industrielle Feldforschung;

3. Programmspezifische Kurse, die ideologische Themen wie die marxistisch-leninistische soziologische Theorie oder die Kritik der bürgerlichen Soziologie und des Antikommunismus mit Standardangeboten wie der Geschichte der Gesellschaftstheorie, der Geschichte der tschechischen Soziologie, der Erforschung der Sozialstruktur der tschechoslowakischen Gesellschaft, Mathematik, Statistik und Methodologie verbanden (1320 Unterrichtsstunden);
4. Spezialisierte Veranstaltungen von der favorisierten Arbeits- und Industriesoziologie bis hin zu Kursen über die sozialistische Lebensweise, Familie und Jugend oder andere häufige Themen der offiziellen Soziologie (840 Unterrichtsstunden) (Vaněk 1980, S. 551–552). Selbst nach der optimistischsten Schätzung hatten nicht mehr als 50 % aller Lehrveranstaltungen im Lehrplan einen direkten Bezug zur Soziologie.

Das Ausmaß, in dem die Ziele der beruflichen Ausbildung neuer Soziologen der ideologischen Agenda der Kommunistischen Partei untergeordnet wurden, zeigt sich in Vaněks Beschreibung des Musterabsolventen, den das Soziologieprogramm hervorbringen sollte:

> Die Absolventen müssen die Theorie des Marxismus-Leninismus in all ihren Bestandteilen, insbesondere die marxistische Theorie der gesellschaftlichen Entwicklung, gründlich und vollständig beherrschen; sie müssen sich die wissenschaftliche Weltanschauung zu eigen machen und sie rational und emotional verinnerlichen, und sie müssen die Methodik der Untersuchung gesellschaftlicher Phänomene auf der Grundlage des Studiums der Klassiker des Marxismus-Leninismus, der Dokumente des Zentralkomitees der Kommunistischen Partei der Tschechoslowakei, der internationalen Arbeiter- und kommunistischen Bewegung und vor allem der Erkenntnisse der sowjetischen Sozialwissenschaft perfekt beherrschen.
>
> Die Absolventen dieser Fachrichtung müssen sich ihrer sozialen, politischen und moralischen Verantwortung bewusst sein und wissen, dass sie ihre Arbeit gegenüber der Kommunistischen Partei und der sozialistischen Gesellschaftsordnung zu verantworten haben. Sie müssen in der Lage sein, in ideologischen Fragen aktiv, kompetent und entschieden gegen alle Formen des Antikommunismus, Revisionismus und Opportunismus sowie gegen alle Spielarten der bürgerlichen Ideologie aufzutreten. (Vaněk 1980, S. 551; Kursivschrift entfernt)

Eine weitere wichtige soziologische Institution, die vom Prozess der Normalisierung nach 1969 stark betroffen war, war die Tschechoslowakische

Soziologische Gesellschaft. Die Gesamtbilanz für die Jahre 1969–1989 fällt eher gemischt als ausschließlich negativ aus. Die Repressionen der frühen 1970er-Jahre führten zu einer langsamen und vorsichtigen Entwicklung wirklich professioneller Aktivitäten, die sich wiederum im späteren Verlauf der 1980er-Jahre zu autonomeren Formen soziologischer Arbeit entwickelten (Petrusek 2002, S. 186–187). Die grundlegende Methode der „Konsolidierung" – die systematische Auswechslung von Mitarbeitern, beginnend an der Spitze der Hierarchie und fortschreitend auf den unteren Ebenen, die von den prosowjetischen Führern mit so überwältigender Wirkung eingesetzt wurde, um die Kontrolle über die kommunistische Partei und die akademischen Einrichtungen wiederzuerlangen – wurde auch innerhalb des Verbandes angewandt. Nachdem die reformorientierten Mitglieder der Leitungsgremien Anfang 1970 durch parteikonforme ersetzt worden waren, entließ der „wiederbelebte" Hauptausschuss alle Leiter der Sektionen und regionalen Zweigstellen und veranlasste eine „Umregistrierung" aller Mitglieder auf der Grundlage politischer Loyalität und (flexibel definierter) beruflicher und wissenschaftlicher Qualifikationen. Die Zahl der Mitglieder sank von 1044 im Jahr 1969 auf 526 im Jahr 1970 (Kahuda und Vacek 1973, S. 313–319; Ulč 1978, S. 434, Endnote 2).

In den späten 1960er-Jahren verlor der Verband jegliche Autonomie, die er vielleicht kurzzeitig genossen hatte, aber er blieb die einzige professionelle Plattform für tschechische Soziologen. Die Erneuerung und Ausweitung der Aktivitäten des Verbandes war ein stetiger Prozess, der durch die Berichte der alle drei Jahre stattfindenden Generalversammlungen dokumentiert wird. Die Mitgliederzahl stieg auf 700 im Jahr 1980 und 919 im Jahr 1988. Seit 1976 gab die Vereinigung jährlich einen Newsletter heraus. Die 12 Sektionen und sechs regionalen Zweigstellen hielten rund 20 Vorträge, Seminare und Konferenzen ab und veröffentlichten jährlich etwa vier Konferenzbände. Die Sektion für Methodologie, in der Regel die aktivste innerhalb der Vereinigung, organisierte Kurse und Seminare über allgemeine Methodologie, Wissenschaftsphilosophie, Forschungstechniken und – in den 1980er-Jahren immer häufiger – über den Einsatz von Computern und statistischer Software zur Datenanalyse. Ironischerweise, aber nicht überraschend, wurde die Sektion für marxistische soziologische Theorie häufiger als jede andere wegen unzureichender Aktivität gerügt, was die Tendenz vieler Soziologen widerspiegelte, Themen zu vermeiden, die mit der vorherrschenden Ideologie in Verbindung standen, sowie die Isolierung der disziplinären Elite, die offiziell mit der Entwicklung der Theorie betraut war, von der Mitgliederbasis. Die Sektion für Methodologie war mit 356 Mitgliedern im Jahr 1988 auch die größte.

Es folgten die Sektionen für Arbeits- und Industriesoziologie (309) und für Jugendsoziologie (282). Diese Zahlen entsprechen den häufigsten Zugehörigkeiten der Vereinsmitglieder: ein Drittel war in Instituten für angewandte Forschung in verschiedenen Ministerien tätig (34 %), ein weiteres Drittel in der Industrie, 20 % an Universitäten und der Rest in der Akademie der Wissenschaften oder in verschiedenen Partei- und Regierungsbüros.

Die Daten für die 1980er-Jahre zeigen zwei getrennte, aber gleichermaßen bemerkenswerte Trends: die beginnende Feminisierung der Mitgliedschaft und ihre Überalterung. Der Anteil der weiblichen Mitglieder des Verbandes stieg von 34 % im Jahr 1982 auf 41 % im Jahr 1988, während der Anteil der weiblichen Funktionäre in den Führungsgremien mit 25 % konstant blieb. Im gleichen Zeitraum stieg der Anteil der Mitglieder, die älter als 40 Jahre waren, von 58 auf 68 %, ein Trend, der darauf hindeutet, dass die Kohorte, die Anfang der 1970er-Jahre in das Fach eingetreten war, nicht von einer ähnlich starken Generation jüngerer Soziologen abgelöst wurde.

Schlussfolgerung

Die tschechische Soziologie befand sich während der Normalisierung in einem schlimmen Zustand, aber es gelang ihr zu überleben und im Rahmen des Möglichen das Wissen und die Fähigkeiten zu sammeln, die für die kommenden besseren Zeiten benötigt wurden. Die Situation war komplex, ja paradox. Einerseits war das kommunistische Regime, das sich von der ideologischen Annahme leiten ließ, dass die sozialistischen Gesellschaften die ersten in der Geschichte der Menschheit seien, die nach wirklich wissenschaftlichen Grundsätzen organisiert sind, bestrebt, innerhalb des riesigen Systems von Institutionen, die die Struktur einer zentral geplanten Wirtschaft und Gesellschaft bilden, einen umfangreichen Forschungssektor aufrechtzuerhalten. Andererseits machten die willkürliche Macht der Partei und ihre rigide ideologische Überwachung jede Form von kritischer Sozialwissenschaft unmöglich. Die akademischen – und schlimmer noch, die menschlichen – Kosten der Normalisierung für die Soziologie waren enorm. Dazu gehörten abgeschnittene und beendete Karrieren, die suboptimale Verteilung von Talenten auf Positionen, weitverbreitetes intellektuelles Mittelmaß und Provinzialismus. Die Disziplin wurde durch einen allgegenwärtigen politischen Opportunismus bei der Auswahl und Behandlung von Themen, ihre Isolierung von westlichen

Diskussionen und die fehlende Kontinuität mit der nationalen soziologischen Tradition der vorkommunistischen Zeit beschädigt (Voříšek 2014; Dianiška 1989). Gleichzeitig konnte sich die Soziologie aber auch selbst reproduzieren. Sie konnte die meisten institutionellen Errungenschaften der 1960er-Jahre bewahren, neue Generationen ausbilden und sogar einige der theoretischen und vor allem methodologischen Fortschritte des Westens verarbeiten, die es geschafft hatten, den Eisernen Vorhang zu überwinden. Das Engagement vieler tschechischer Soziologen für die Erneuerung der Disziplin wurde immer deutlicher, als das Regime in der zweiten Hälfte der 1980er-Jahre die Kontrolle über die Gesellschaft zu verlieren begann.

Die Anzeichen für die Schwäche des Systems wurden nach der Machtübernahme durch Michail Gorbatschow in der Sowjetunion im Jahr 1985 unübersehbar. Die tschechoslowakischen Hardliner, die nach 1968 fast buchstäblich mit sowjetischer Waffengewalt an die Macht gekommen waren, konnten sich nicht mehr auf die Unterstützung Moskaus verlassen, und schlimmer noch, die sowjetische Perestroika führte einen neuen Diskurs der Offenheit ein, der die neostalinistischen Grundsätze des tschechoslowakischen Regimes bald in Frage stellte. Die langsamen Anfänge eines liberaleren Klimas fanden ihren Weg in die offizielle Soziologie in Form von neuen Figuren und neuen Themen, die nun in offiziellen Institutionen und Publikationen erscheinen durften. An den Universitäten, die bis zu den letzten Tagen der kommunistischen Herrschaft in einem versteinerten Zustand verharrten (in Brünn weniger als in Prag), waren die Veränderungen eher minimal, aber in der Akademie der Wissenschaften und im Bereich der angewandten Forschung war die Liberalisierung zunehmend spürbar. Die Redaktion von *Sociologický časopis* wurde mehrfach neu besetzt, und die Zeitschrift begann, Beiträge u. a. der reformorientierten sowjetischen Soziologin Tatjana Zaslawskaja zu veröffentlichen.

Nichts verdeutlichte den sich anbahnenden Umbruch besser als der Aufstand der einfachen Mitglieder gegen die von der Partei ernannte Führung auf der Generalversammlung der Tschechoslowakischen Soziologischen Gesellschaft 1988. In einer beispiellosen Aktion wurden bei der Wahl des neuen Führungsgremiums des Verbandes mehrere zuvor genehmigte Kandidaten abgesetzt, die sich durch etwas jüngere Mitglieder mit einem besseren beruflichen Ruf ersetzt sahen (Petrusek 2002, S. 186). Dies war ein Ereignis, das den Aufstieg einer Gruppe neuer disziplinärer Führungspersönlichkeiten (die meisten von ihnen in den 1930er- oder 1940er-Jahren geboren) markierte, die schon vor langer Zeit jegliche

Sympathie für die marxistisch-leninistische Ideologie aufgegeben hatten und voller Begeisterung für die westliche Soziologie mit ihren, wie sie glaubten (basierend auf wenig direktem Kontakt), wesentlich höheren akademischen und professionellen Standards waren. Diese Gruppe dominierte die Soziologie in der Tschechischen Republik nach der politischen Wende von 1989.

Notes

1. Die bedeutendsten Soziologen, die 1968 oder danach emigrierten, waren: Bedřich Bauman (University of Canterbury, Christchurch, Neuseeland, und Laurentian University, Ontario), Václav Lamser (Universität Bielefeld), Zdeněk Strmiska (CNRS, Paris), Ivan Sviták (California State University, Chico), Ilja Šrubař (Universitäten Konstanz und Erlangen-Nürnberg). Es ist bemerkenswert, dass die tschechische soziologische Emigration keine internationalen Starsoziologen hervorgebracht hat, die mit Exilanten aus anderen mitteleuropäischen Ländern wie Zygmunt Bauman oder Iván Szelényi vergleichbar wären.
2. Das „Team für komplexe Prognosemodellierung" war auf die Vorhersage der sportlichen Aktivitäten in der Tschechoslowakei spezialisiert. Sein Leiter, Miloš Zeman, ein Wirtschaftsprognostiker, wurde nach 1989 Ministerpräsident und Präsident der Tschechischen Republik. Václav Klaus, ein weiterer Wirtschaftswissenschaftler und nach 1989 Ministerpräsident und Staatspräsident, gehörte zu den Autoren des umstrittenen Bandes.
3. An der Universität in Olomouc wurde 1971 ein Institut für angewandte Soziologie eingerichtet, das jedoch interessanterweise keinen Studiengang in Soziologie anbot.

Literatur

Alan, Josef [pseud. Čep, Lubor and Benedikt, Jan]. 1988. O sociologické obci. Sociologická skica (On sociological community: A sociological sketch). *Sociologický obzor* 2(3): 6–12.

Allen, Michael Patrick. 1990. The 'quality' of journals in sociology reconsidered: Objective measurers of journal influence. *ASA Footnotes* 18(9): 4–5.

Aragon, Louis. 1968. Ce roman que je tiens pour une oeuvre majeure. In Milan Kundera *La plaisanterie*, i–vi. Paris: Gallimard.

Bucholc, Marta. 2016. *Sociology in Poland*. Basingstoke: Palgrave Macmillan.

Dianiška, Ivan. 1989. ‚Konsolidovaná sociológia' – malá, ale naša! ('Consolidated sociology' – Small, but ours!). Paper given at the second congress of the Slovak Sociological Association, Martin, September 26–29.

Duffková, Jana. 1985. Poznámky k analýze významu a tematického zaměření diplomových prací studentů na katedře marxisticko-leninské sociologie filosofické fakulty Univerzity Karlovy (Notes on the analysis of meaning and thematic focus of diploma theses at the Department of Marxist–Leninist sociology at Faculty of Arts, Charles University). *Sociologický časopis* 21(4): 425–429.

Fleck, Christian, und Andreas Hess. 2011. Sociology and communism: Coming to terms with a discipline's past. *Comparative Sociology* 10(5): 670–690.

Fojtík, Jan. 1972. Situace na společenskovědním úseku a úkoly společenských věd po XIV. sjezdu KSČ (The situation in the field of social sciences and the tasks of social sciences after 14th party congress). *Nová mysl* 26(2): 147–169.

Havel, Václav. 1992. Dear Dr. Husák. In *Open letters*, 50–83. New York: Vintage.

Hrzal, Ladislav. 1973. *Kritika soudobých sociologických a sociálně filosofických teorií* (A critique of contemporary sociological and social-philosophical theories). Prague: Svoboda.

Jareš, Jakub, Matěj Spurný, und Katka Volná, Hrsg. 2012. *Náměstí Krasnoarmějců 2: učitelé a studenti Filozofické fakulty UK v období normalizace* (Red Army Square 2: Teachers and students of the Faculty of Arts in the normalization period). Prague: Faculty of Arts, Charles University.

Kabele, Jiří. 2011. Sportpropag – nepravděpodobné místo pro studium společnosti: Osobní pohled (Sportpropag – An unlikely place for the study of society: A personal view). *Sociální studia* 8(1): 17–35.

Kahuda, František, und Lubomír Vacek. 1973. Zpráva o valném shromáždění Československé sociologické společnosti (A report from the general assembly of the Czechoslovak Sociological Association). *Sociologický časopis* 9(3): 313–323.

Konopásek, Zdeněk, Hrsg. 2000. *Our lives as database: Doing a sociology of ourselves: Czech social transitions in autobiographical research dialogues*. Prague: Karolinum.

Laiferová, Eva. 2014. Slovenská sociológia v klietke normalizácie (Slovak sociology in the cage of normalization). In *Sociológia v ére normalizácie – trinásť reflexií* (Sociology in the period of normalization – 13 reflections), Hrsg. Eva Laiferová und Ľudmila Mistríková, 13–42. Bratislava: Comenius University.

Machonin, Pavel, et al. 1969. *Československá společnost* (Czechoslovak society). Bratislava: Epocha.

McDermott, Kevin. 2015. *Communist Czechoslovakia, 1945–89. A political and social history*. Basingstoke: Palgrave Macmillan.

Možný, Ivo. 2004. Brněnská anomálie? Brněnská sociologie 1963 až 1989 – subjektivní historie (The Brno anomaly? Sociology in Brno 1963–1989, a subjective history). *Sociologický časopis/Czech Sociological Review* 40(5): 609–622.

Musil, Jiří. 2004. Poznámky o české sociologii za komunistického režimu (Remarks on Czech sociology under the communist regime). *Sociologický časopis/Czech Sociological Review* 40(5): 573–595.

Nešpor, Zdeněk R. 2014. 'Šedá zóna' v éře tzv. normalizace: Dům techniky ČSVTS Pardubice v dějinách české sociologie (The 'grey zone' in the so-called Normalization period: The House of technology in Pardubice in the history of Czech sociology). *Sociologický časopis/Czech Sociological Review* 50(1): 107–130.

Oates-Indruchová, Libora. 2008. The limits of thought? The regulatory framework of social sciences and humanities in Czechoslovakia (1968–1989). *Europe-Asia Studies* 60(10): 1767–1782.

Petráň, Josef. 1998. Filosofická fakulta (The faculty of arts). In *Dějiny Univerzity Karlovy IV: 1918–1990*, Hrsg. Jan Havránek und Zdeněk Pousta, 431–471. Prague: Karolinum.

Petrusek, Miloslav [pseud. Piluša, Martin]. 1988. Sociologický časopis ve světle kvantitativních dat (*Sociologický časopis* in the light of quantitative data). *Sociologický obzor* 2(3): 27–36.

Petrusek, Miloslav. 2002. Peripetie Masarykovy české sociologické společnosti (nejen v letech 1989–2002) [The peripeties of the Masaryk Czech Sociological Association (not only in the years 1989–2002)]. *Sociologický časopis/Czech Sociological Review* 38(1–2): 184–189.

———. 2004. Výuka sociologie v čase tání a v časech normalizace (1964–1989) [Teaching sociology in the periods of thaw and normalization (1964–1989)]. *Sociologický časopis/Czech Sociological Review* 40(5): 597–607.

Potůček, Martin, Hrsg. 1995. *Normalizace ve společenských vědách, můj život v normalizaci* (Normalization in the social sciences, my life in normalization). Prague: Institute of Sociological Studies, Charles University.

Prokůpek, Ladislav. 2002. Normalizace v Ústavu pro filosofii a sociologii ČSAV (Normalization in the Institute for Philosophy and Sociology of the Czechoslovak Academy of Sciences). In *Věda v Československu v období normalizace (1970–1975)*, Hrsg. Antonín Kostlán, 201–217. Prague: Center for Research on History of Science.

Richta, Radovan. 1973. O stranický přístup k vědecké práci (For a party approach to scientific work). *Sociologický časopis* 9(4): 337–339.

Sica, Alan, und Stephen Turner, Hrsg. 2005. *The disobedient generation: Social theorists in the sixties*. Chicago: University of Chicago Press.

Šiklová, Jiřina [pseud. Otava, Jiří]. 1988. Public opinion research in Czechoslovakia. *Social Research* 55(1–2): 247–260.

Šiklová, Jiřina. 1990. The 'gray zone' and the future of dissent in Czechoslovakia. *Social Research* 57(2): 347–363.

Šimečka, Milan. 1984. *The restoration of order: The normalization of Czechoslovakia, 1969–1976*. London: Verso.

Skovajsa, Marek, Hrsg. 2004. Česká sociologie v letech 1965–1989 (Czech sociology in 1965–1989. A roundtable discussion). *Sociologický časopis/Czech Sociological Review* 40(5): 695–740.

Szelényi, Iván. 2012. Jiří Musil and the East European origins of the new urban sociology. *Sociologický časopis/Czech Sociological Review* 48(6): 1156–1163.

Ulč, Otto. 1978. Some aspects of Czechoslovak society since 1968. *Social Forces* 57(2): 419–435.
Urbánek, Eduard. 1994. Ups and downs in Czech sociology. In *Eastern Europe in transformation: The impact on sociology*, Hrsg. Mike Forrest Keen und Janusz Mucha, 79–88. Westport, CT: Greenwood Press.
Vaněk, Antonín. 1980. Systém přípravy sociologů v ČSSR (The system of sociological training in the Czechoslovak Socialist Republic). *Sociologický časopis* 16(5): 551–553.
Večerník, Jiří. 2011. Empirický výzkum chudoby v českých zemích ve třech historických obdobích (Empirical research on poverty in the Czech lands in three historical periods). *Data a výzkum – SDA Info* 5(2): 133–146.
Voříšek, Michael. 2014. Česká sociologie sedmdesátých a osmdesátých let (Czech sociology of the 1970s and 1980s). In *Dějiny české sociologie* (The history of Czech sociology), Hrsg. Zdeněk R. Nešpor, 358–384. Prague: Academia.
Wolchik, Sharon L. 2013. Doing political science research in Husák's Czechoslovakia. *Problems of Post-Communism* 60(4): 22–27.

KAPITEL 6

Die 1990er-Jahre: Wiederaufbau und die Hinwendung zum Westen

Zusammenfassung Nach dem Regimewechsel 1989 schien es, als sei die tschechische Gesellschaft zu einem international relevanten „Soziallabor" geworden und die Soziologen würden in der Öffentlichkeit als Produzenten von Expertenwissen anerkannt, das für den erfolgreichen Ausgang des Transformationsprozesses unverzichtbar ist. Am Ende ging diese Rolle jedoch an die Wirtschaftswissenschaften über, und die Soziologie sah sich mit einer Identitätskrise konfrontiert. In diesem Kapitel wird beschrieben, wie die Soziologie in der Tschechischen Republik in den 1990er-Jahren rekonstruiert wurde und sich von einer kleinen, politisch kontrollierten Gemeinschaft in eine solide institutionalisierte Disziplin verwandelte. Es untersucht die Ambivalenzen, die mit der Hinwendung der Soziologie zum Westen und der Formulierung ihrer neuen Agenda einhergingen, und legt dabei besonderes Augenmerk auf ihre zentralen Interessen.

Eine der am weitesten verbreiteten Metaphern, die in der Rhetorik der revolutionären Euphorie von 1989 verwendet wurden, bezog sich auf das „Wiedererwachen" der Nation nach den langen Jahren der ideologischen Unterdrückung. Der Kommunismus war zusammengebrochen und wurde fast allgemein als eine Diskontinuität in der Geschichte des Landes angesehen – etwas von außen Aufgezwungenes, das es zu bekämpfen galt. In seiner ersten Neujahrsansprache an die Nation im Jahr 1990 sprach Präsident Václav Havel, ein ehemaliger Dissident und „Volksfeind", von der „moralischen Verseuchung" des Landes und erwog einen alternativen Weg zur Organisation des politischen Feldes, den er „unpolitische Politik" nannte (Havel 1991, S. 391). Anfänglich wurden die neuen Visionen für die Entwicklung der Gesellschaft nicht einfach als Übergang vom Kommunismus zum Kapitalismus verstanden. Bald jedoch verloren die Intellektuellen, die in der als Bürgerforum bekannten überparteilichen Plattform, die bei den ersten freien Wahlen im Juni 1990 einen entscheidenden Sieg (53 %) errungen hatte, eine führende Rolle gespielt hatten, gegen die Technokraten um den neoliberalen Wirtschaftswissenschaftler Václav Klaus, der 1992 tschechischer Ministerpräsident wurde. Seitdem wurde die „Transformation" der tschechischen Gesellschaft in erster Linie mit wirtschaftlichen Fragen in Verbindung gebracht, während soziale und moralische Belange in der Regel nur eine untergeordnete Rolle spielten. Um die bereits erwähnte Metapher zu verwenden, sollte die tschechische Gesellschaft als ein westlich orientiertes und wirtschaftlich entwickeltes Land „wiedererweckt" werden.

Die Erwartungen an die Zukunft der Soziologie waren hoch. Die tschechische Gesellschaft war zu einem „sozialen Labor" geworden, das die Aufmerksamkeit westlicher Forscher auf sich zog, was die Wiederaufnahme internationaler Kontakte erleichterte, die während der kommunistischen Ära unterbrochen worden waren. Die Soziologen hofften auch, dass ihre Disziplin wieder politisch relevant und öffentlich anerkannt werden würde. Diese Hoffnungen blieben größtenteils unerfüllt, aber alles in allem können die 1990er-Jahre – „ein Jahrzehnt des Wiederaufbaus" für die Soziologie in Mittel- und Osteuropa (Keen und Mucha 2004) – positiv bewertet werden. Die disziplinäre Elite änderte sich radikal, aber die bestehende institutionelle Basis der Soziologie wurde bewahrt und sogar erweitert. Die Art und Weise, in der sich das Fach der „Welt" (d. h. vor allem dem Westen) öffnete, war beispiellos, wenn auch im Nachhinein betrachtet ein etwas einseitiges Unterfangen. Der erfolgreiche Neustart der Disziplin war auch mit einer umfassenden Reorganisation und Aktualisierung ihrer intellektuellen Agenda verbunden.

Ein rekonstruierter institutioneller Rahmen

Betrachtet man die grundlegenden institutionellen Strukturen, von denen aus die Soziologie in der Tschechischen Republik ihren Kampf um die Wiederbelebung in der Zeit nach 1989 aufgenommen hat, so mag man von der scheinbaren Kontinuität der Entwicklung der Disziplin überrascht sein. Obwohl die Rahmenbedingungen lange Zeit dieselben waren, kommt manchmal, um es mit Webers Worten zu sagen, „ein Moment, in dem sich die Atmosphäre ändert" (Weber 1949, S. 111). Im November 1989 wurde die Fassade des alten Regimes niedergerissen, und es wurde schnell klar, dass der Wandel nicht nur von kurzer Dauer sein würde. Fast unmittelbar nach den Ereignissen im November tauchten zahlreiche alternative Visionen auf, vor allem ein Plan für die Erneuerung der Soziologie, der von einer Gruppe tschechischer Soziologen formuliert wurde, die bald die neuen intellektuellen und institutionellen Führungsfiguren der Disziplin werden sollten, nämlich Jiří Musil, Miloslav Petrusek, Martin Potůček und Josef Alan. Diese Visionen wurden vom Soziologischen Forum, das bereits am 7. Dezember 1989 als Alternative zur offiziellen tschechoslowakischen Soziologischen Gesellschaft gegründet wurde, koordiniert vorgebracht. Ihre ersten Vorschläge betrafen bezeichnenderweise die „Rückkehr der Ausgeschlossenen in die akademischen und wissenschaftlichen Strukturen, die radikale Umgestaltung der Organisationsstruktur des soziologischen Unterrichts und natürlich die Aufhebung der offiziell anerkannten „marxistisch-leninistischen Soziologie" als Studienfach" (Petrusek 2002, S. 186).

In nur wenigen Monaten hat sich das gesamte Umfeld bis zur Unkenntlichkeit verändert. Die personelle Neubesetzung verjüngte die Soziologie ungeachtet der Tatsache, dass viele derjenigen, die in die akademische Sphäre zurückkehrten, in einem anderen Land bereits kurz vor der Emeritierung gestanden hätten. Auf institutioneller Ebene verlief die Auseinandersetzung zwischen den zuvor marginalisierten Akademikern und den alten Funktionären des Fachs auf den höheren Stufen der Hierarchie reibungsloser. Diejenigen, die mit dem alten Regime verbunden waren, konnten kaum erwarten, als Vertreter der neuen Richtung zu gelten. Infolgedessen wurden in den ersten Monaten nach November 1989 fast alle akademischen Spitzenpositionen sowohl an der Tschechoslowakischen Akademie der Wissenschaften als auch an den großen Universitäten mit neuen Personen besetzt. Im Januar 1990 hatten nur vier von 78 hochrangigen Vertretern der Karls-Universität in Prag (Rektor und stellvertretende Rektoren, Dekane und stellvertretende Dekane) ihre Positionen vor November 1989 inne (Havránek und Pousta 1998, S. 584–586).

Diese Veränderungen erwiesen sich auf den unteren Ebenen des akademischen Lebens als viel komplizierter, insbesondere auf der Ebene der Universitätsfakultäten, wo die Zahl der Stellen sehr gering war. Der

Wiedereinstieg von Soziologen, die vor 1989 außerhalb der akademischen Strukturen gearbeitet hatten – in vielen Fällen fast zwei Jahrzehnte lang – stieß auf Widerstand. Eine von ihnen, Jiřina Šiklová, beschrieb diese Abneigung so:

> Werden wir zu unseren Berufen zurückkehren? Wenn uns dort niemand mehr haben will? Ein Angestellter, der mit der Bearbeitung der Fälle der aus politischen Gründen Entlassenen betraut wurde, beklagte sich: „Diese Leute von 1968 wollen immer noch die Spitzenpositionen. Sie waren 1968 in führenden Positionen: Nachdem sie die Fakultät verließen, waren sie führende Persönlichkeiten in der Opposition, und jetzt sollen wir sie wieder in führende Positionen bringen." Und das war nicht als Scherz gemeint. (Šiklová 1990, S. 361)

Dieser Mangel an Flexibilität in Verbindung mit der bevorstehenden Erweiterung des Hochschulsystems führte zu Bemühungen, neue akademische Nischen zu schaffen, und stoß eine Reihe von Entwicklungen auf institutioneller Ebene an. Im Jahr 1990 war Miloslav Petrusek, ein weiterer Rückkehrer, Mitbegründer der Fakultät für Sozialwissenschaften an der Karls-Universität in Prag, wodurch neben den bereits bestehenden soziologischen Instituten an der Philosophischen Fakultät der Karls-Universität und an der Masaryk-Universität in Brünn ein neues soziologisches Institut auf der institutionellen Landkarte erschien. Im selben Jahr wurde auch an der Palacký-Universität in Olomouc ein Institut für Soziologie und Erwachsenenbildung eingerichtet. Diese außergewöhnliche Gründungsdynamik verlangsamte sich bald, aber die sozialwissenschaftlichen Institute der Universität in Brünn expandierten in den 1990er-Jahren rasch, was schließlich 1998 zur Gründung einer neuen Fakultät für Sozialstudien führte.

Diese institutionellen Veränderungen legten den Grundstein für das offene Umfeld, das in den kommenden Jahren in den Sozialwissenschaften herrschte. Die Schaffung neuer akademischer Stellen erleichterte den Prozess der Übergangsjustiz für die Opfer politischer Verfolgung während der kommunistischen Zeit. Die neuen institutionellen Rahmenbedingungen trugen auch dazu bei, den Forderungen nach differenzierteren Unterrichtsformen oder interdisziplinären Programmen und uneingeschränkten Vorstellungen von der Agenda der Disziplin nachzukommen. Was die Studentenzahlen betrifft, so wuchsen die tschechischen Soziologiestudiengänge im ersten Jahrzehnt nach 1989 stetig weiter, auch wenn sie im Vergleich zur Explosion nach 2000 (siehe Kap. 7) mit höchstens ein paar Dutzend neuen Studenten pro Jahr bis 1995 klein blieben. Das Institut für Soziologie in Brünn begann Anfang der 1990er-Jahre mit 12–15 Studienanfängern, eine ähnliche Zahl wie in den 1980er-Jahren. Im Jahr 1995 stieg die Zahl auf 35, und von 1998 bis Anfang der 2000er-Jahre schwankte sie zwischen 70 und 75 pro Jahr. Eine ähnliche Entwicklung der Studentenzahlen war am Institut für Soziologie an der Fakultät für Sozialwissenschaften in Prag zu beobachten, wo Soziologie in einem gemeinsamen BA-Studiengang mit öffentlicher und sozialer Politik unterrichtet wurde. Als die Zahl der Studierenden 1995 auf 45 „hochschnellte", äußerten mehrere Mitglieder des Instituts öffentlich ernsthafte Bedenken über die Zukunft des Fachs, da sie der Meinung waren, dass der Rückzug der direkten Interaktion zwischen Studierenden und Lehrenden die wichtigsten Stärken der Soziologie untergraben würde (Šanderová 1995).

Es gab natürlich eine Frage, die für die Wiederherstellung der Soziologie als forschungsorientierte Disziplin zu jener Zeit von entscheidender Bedeutung war. Das war die Wiedererrichtung eines eigenständigen Instituts für Soziologie an der Akademie der Wissenschaften. Der Prozess der Verselbstständigung der Soziologie – nachdem sie fast zwei Jahrzehnte lang Teil eines gemeinsamen Instituts für Philosophie und Soziologie war – war ein ziemlich prekärer Prozess, da er in der unklaren Situation der chaotischen Umgestaltung der Akademie selbst stattfand.[1] Der Stadtsoziologe Jiří Musil, der erste Direktor des „neuen" Instituts, erinnert sich, dass die Akademie

> ein äußerst kompliziertes soziales Gefüge [war], in dem – wenn auch nur für einen kurzen Moment – ideologische Protagonisten des ‚realen Sozialismus', [ehemalige] Geheimpolizisten, Personen mit Verbindungen zum Dissidentenkreis, Personen aus der soziologischen Peripherie, in ihren Beruf zurückgekehrte Soziologen und auch Personen, die nicht wirklich wussten, was Soziologie eigentlich ist, zusammenarbeiten mussten. (Musil 2006, S. 190)

Nachdem die anfänglichen Pläne, das Institut als interdisziplinäres Forschungszentrum zu erneuern, das rigorose soziologische Methoden mit theoretischen, historischen und kulturellen Ansätzen verbinden sollte, aufgegeben wurden, wurde es in acht eher konventionelle Abteilungen aufgeteilt. Die Forschungsaktivitäten konzentrierten sich hauptsächlich auf verschiedene Aspekte der „Transformation" und erreichten allmählich ein ausgeprägtes Profil, insbesondere in den Bereichen Wirtschaftssoziologie, Gender und Soziologie, lokale und regionale Entwicklung, politische Soziologie, soziale Schichtung sowie Sozialstruktur und Modernisierung. Obwohl die Zahl der Forscher aufgrund massiver Kürzungen an der Akademie zeitweise auf 50 sank, überlebte das Institut und spielte weiterhin eine Schlüsselrolle bei der Entwicklung einer Forschungskultur in einer Zeit, in der die Soziologie nur in der Lage zu sein schien, entweder als Lehrbetrieb oder als renommierter Name für kommerzialisierte Meinungsumfragen und angewandte Marktforschung zu überleben.

Das intensive Engagement der führenden Köpfe des Fachs beim Aufbau von Institutionen hatte auch seine Schattenseiten. 1990 wurde der tschechische Teil der damaligen Tschechoslowakischen Soziologischen Gesellschaft in Tschechische Masaryk-Gesellschaft für Soziologie umbenannt, und nach der Auflösung der Tschechoslowakei 1993 wurde sie zu einer unabhängigen nationalen Vereinigung. Ihre Gründer erwarteten von ihr, dass sie als offene und uneingeschränkte Plattform für gemeinsame Aktivitäten fungieren und an den intellektuellen Aufschwung der 1960er-Jahre anknüpfen würde. Die Zahl der Mitglieder schwankte zunächst um die 900. Nachdem der anfängliche Enthusiasmus abgeklungen war, sank diese Zahl auf etwa 300 Mitglieder und ist seither mehr oder weniger gleich geblieben (Petrusek 2003, S. 57). Obwohl der Verband einige bemerkenswerte Tagungen organisierte, wie z. B. die Konferenz über die Transformation der tschechischen Gesellschaft im Jahr 1995, spielte er im Berufsleben der Soziologen in der Tschechischen Republik nur eine marginale Rolle [es wurden keine neuen Sektionen gegründet, bis nach 2005, als das Spektrum der Aktivitäten wieder zu wachsen begann (Šubrt 2012)]. Fairerweise muss man sagen, dass der nationale Verband nach 1989 mehr als ein Jahrzehnt in der Flaute verbrachte, was nicht nur an dem überengagierten Aufbau von Institutionen lag.[2] Der abrupte Regimewechsel und die Härten der Transformation führten auch zum Fehlen einer aktiven Generation mittleren Alters in dieser Zeit.

Während die (Wieder-)Gründung nationaler Institutionen bemerkenswert dauerhafte Ergebnisse hervorbrachte, führte das einzige Beispiel eines transnationalen Projekts zum Aufbau von Institutionen, der Prager Campus der Central European University (CEU), der 1991 von dem milliardenschweren Philanthropen George Soros gegründet wurde, zum Scheitern und zur Schließung im Jahr 1996.[3] Der Fachbereich Soziologie dieser Universität nahm im Herbst 1991 den regulären Lehrbetrieb auf und eröffnete ein einjähriges Postgraduiertenprogramm mit dem Titel „Gesellschaft und Politik". Die jährliche Zahl der Studierenden blieb während der gesamten Prager Zeit ungefähr gleich (etwa 40, mit einem Höchststand von 45 im Jahr 1994/1995), wobei die Zahl der Bewerbungen von 125 im Jahr 1991 auf 239 im Jahr 1994 deutlich anstieg (Pospíšilová 2013, S. 72). Die Zahl der Studienanfänger im Studiengang Soziologie an der CEU übertraf die aller anderen tschechischen Soziologiefakultäten. Obwohl die Idee der CEU als unabhängige Institution nach westlichem Vorbild anfangs von tschechischen politischen und akademischen Vertretern begrüßt wurde, wurde sie allmählich als ein Gebilde betrachtet, das dem lokalen akademischen Umfeld und seinen historisch verankerten Regelungs- und Kontrollmustern fremd war. Eine Reihe von Umständen – die unerfüllte Erwartung der CEU, von der tschechischen Regierung ein Gebäude zu erhalten, eine plötzliche Kürzung des bewilligten staatlichen Beitrags um zwei Drittel im Jahr 1993, die Tatsache, dass die Universität während ihrer gesamten Prager Zeit nur als Stiftung mit in den USA oder Großbritannien akkreditierten Programmen arbeiten konnte und dass sie nie den offiziellen Universitätsstatus im Lande erlangte – führte 1996 zum endgültigen Rückzug der CEU aus Prag, nachdem sie ein Jahr zuvor ihren Soziologie-Studiengang nach Warschau verlegt hatte. Verschiedene Beobachter haben die Geschichte dieses Unterfangens so interpretiert, dass die tschechischen politischen und akademischen Eliten nicht bereit waren, das nationale Hochschulsystem für Alternativen zu öffnen, die in einem internationalen akademischen Umfeld verwurzelt sind (Čerych 1995; Bryant 2000; Pospíšilová 2013). Unabhängig von allen möglichen Erklärungen (persönliche und politische Animositäten gegen Soros, Ressentiments gegenüber westlichen Modellen oder die Ahnungslosigkeit der Regulierungsinstitutionen) bleibt die Tatsache bestehen, dass die tschechische akademische Landschaft Mitte der 1990er-Jahre eine Universitätseinrichtung nach westlichem Vorbild verlor, die dazu hätte beitragen können, die Homogenität des lokalen akademischen Lebens aufzubrechen und die Kanäle der internationalen Mobilität auch für tschechische Soziologen zugänglich zu machen.

Aufstockung der Bestände mit westlichen Produkten

Der Ausgangspunkt der Erneuerung der tschechischen Soziologie nach 1989 lässt sich, um an Thomas Kuhns Darstellung der revolutionären Phasen in der Geschichte der Wissenschaften (Kuhn 1962) anzuknüpfen, am besten als Ausdruck einer Situation beschreiben, in der „das Alte" dazu verdammt ist, verdrängt zu werden, und „das Neue" noch nicht gründlich installiert wurde. Hinzu kommt, dass die Hinwendung zum Westen und die Versuche, die Kontinuität mit den internationalen Entwicklungen in der Disziplin wiederherzustellen, zu einer Zeit stattfanden, als die Weltsoziologie von ernsthaften Zweifeln an ihrer Aufgabe und ihren Aussichten geplagt war. Es war nicht völlig ausgeschlossen, dass der erste Text, den ein aufstrebender tschechischer Soziologe, der etwas über eine vom Marxismus-Leninismus unverzerrte soziologische Theorie lernen wollte, lesen würde, Steven Seidmans „Das Ende der soziologischen Theorie" war, in dem behauptet wurde, dass die westliche soziologische Theorie in Wirklichkeit „eine totalisierende Theorie der Gesellschaft" sei und „den größten Teil ihrer sozialen und intellektuellen Bedeutung verloren" habe (Seidman 1991, S. 131). Es half auch nicht, zu lesen, was die anderen Autoritäten des Fachs zu dieser Zeit sagten, z. B. behauptete Peter Rossi 1990, es sei ziemlich offensichtlich, dass „etwas mit der Soziologie nicht stimmt" (Rossi 1990, S. 623). Die Modernisierungstheorie, die ein offensichtlicher Bezugspunkt für tschechische Soziologen war, die sich für die Logik des damaligen sozialen Wandels interessierten, hatte schon vor langer Zeit ihre universelle Anziehungskraft verloren und war daher nicht in der Lage, ein allgemein akzeptiertes Vokabular zu liefern, auf das sie gerne zurückgreifen würden.

Dessen ungeachtet waren die 1990er-Jahre durch die Rezeption westlicher Diskurse und die „Auffüllung" des soziologischen Wissensbestands mit geistigen und materiellen Gütern westlicher Provenienz gekennzeichnet. Dies gilt sogar im wörtlichen, materiellen Sinne. Obwohl es übertrieben wäre zu behaupten, dass die tschechischen Bibliotheken völlig leer waren, war der Mangel an einschlägiger Literatur ein allgegenwärtiges Hindernis für das Lernen und Lehren der Soziologie. Dieser Mangel war ein unvermeidlicher Teil des Lebens von Soziologen in der Tschechischen Republik in den 1990er-Jahren, unabhängig davon, ob es sich um Nachwuchswissenschaftler oder leitende Wissenschaftler handelte, und trug dazu bei, das Gefühl verpasster Chancen zu reproduzieren. Petrusek, einer der führenden Entwickler von Institutionen und gleichzeitig Agenda-Setter, drückte diese Gefühle treffend aus, als er 1995 nach „langen Jahren der Reiseabstinenz" einen Besuch in der Bibliothek der Universität Konstanz in Deutschland machte:

> Ich habe mich in der Bibliothek von Babel wiedergefunden, wo man alles finden konnte, alles von Parsons und alles gegen Parsons, alle Verweise auf Parsons und alles, was der große Parsons selbst plagiiert hat. Es gab alles von

Weber auf etwa sieben riesigen Regalen mit Kommentaren, die man in einem Leben nicht durchgehen kann, es gab Marxisten und Antikommunisten, es gab renommierte und obskure Autoren, und auch Autoren, die lange Zeit niemandem bekannt waren und an die sich wahrscheinlich nie wieder jemand wenden würde – aber wer weiß? Zuerst war ich verzweifelt, aber dann beschloss ich, ein babylonischer Bibliothekar zu sein und Ordnung zu schaffen. Ich fing an, die Konzepte zu studieren, von denen ich aufgrund der zwanzigjährigen intellektuellen Kluft fast keine Ahnung hatte – also interpretative Soziologie, Phänomenologie, Ethnomethodologie – und ich verstand nichts. Aber es gab Kataloge zu Katalogen, Wörterbücher zu Wörterbüchern, die Sonne schien ... (Petrusek 2006, S. 11–12)

Dieser Drang, „Ordnung in die Dinge zu bringen", war besonders charakteristisch für die ersten Jahre nach 1989, die die Blütezeit aller Arten von Kompendien und Handbüchern waren, die die Theorie, Methodologie und Geschichte der gesamten Disziplin oder ihrer verschiedenen Teilbereiche zusammenfassten. Das wichtigste Projekt dieser Art war das 1600-seitige *Große Wörterbuch der Soziologie*, das aus einer noch vor 1989 begonnenen Gemeinschaftsarbeit hervorging (Maříková et al. 1996). Die Kehrseite dieser primär didaktischen Tendenz war die weit verbreitete Vorstellung, dass die Soziologie in der Tschechischen Republik, nachdem sie frei geworden war, westliche Einflüsse zu absorbieren, nicht versuchen sollte, viel mehr als das zu tun.

Dieser Aspekt des Zustands der Disziplin in den 1990er-Jahren lässt sich anhand eines Ausflugs in den Bereich der soziologischen Theorie veranschaulichen. Angesichts der anhaltenden Auswirkungen der langen internationalen Isolation des Fachs vor 1989 und der Tatsache, dass die meisten tschechischen Soziologen es vorzogen, Bücher in tschechischer Sprache zu lesen, waren Übersetzungen und einführende Lehrbücher ein besonders wichtiger Teil des Prozesses der Wiederauffüllung. Die Frage, welche westlichen Soziologen, die bestimmte Theorieansätze vertraten, übersetzt oder auf andere Weise der einheimischen Leserschaft vorgestellt werden sollten, wurde somit von entscheidender Bedeutung. In den 1990er-Jahren waren die Schriften von Zygmunt Bauman, der damals als Hohepriester der postmodernen Soziologie verehrt wurde, prägend für den neu entstehenden Kanon der soziologischen Theorie in der Tschechischen Republik, ebenso wie Artikel und Bücher, die die grundlegenden Theorien von u. a. Anthony Giddens, Pierre Bourdieu und Ulrich Beck verbreiteten. Der einzige einheimische Konkurrent war die tschechische

Strömung des postmodernen Denkens, die durch die Schriften von Václav Bělohradský, einem in Italien lebenden emigrierten Soziologen und einflussreichen öffentlichen Intellektuellen, verkörpert wurde. Durch sein Werk wurden die Studenten mit einer Soziologie konfrontiert, die einen essayistischen Ansatz in Form von assoziativen Gedankenströmen zu aktuellen Fragen des sozialen und politischen Lebens bevorzugte (z. B. Bělohradský 2011). Die soziologische Theorie begnügte sich entweder mit einer bestimmten Art von Kommentaren zu aktuellen Ereignissen oder identifizierte sich mit der Auslegungsliteratur über die Werke angesehener westlicher Autoren, die in der vorangegangenen Periode nicht angemessen studiert werden konnten. Diese Pastiche-ähnliche Praxis des Lückenfüllens ist eines der tief verwurzelten Vermächtnisse der 1990er-Jahre. Die „Wiederauffüllung" des theoretischen Wissens erfolgte in der Regel in Form von Kompilationen und inspirierte nur selten zu echten Originalarbeiten.

Als Ausnahmen von dieser Situation können wir zwei originelle Beiträge anführen, die auf gut entwickelten theoretischen Argumenten beruhen (beide sind bezeichnenderweise nie ins Englische übersetzt worden). Ivo Možnýs kurzes Buch *Warum so einfach?* lieferte eine soziologische Darstellung der sogenannten Samtenen Revolution (Možný 1991). Unter Verwendung des theoretischen Rahmens von Bourdieu argumentierte Možný, dass der Zusammenbruch des Kommunismus auf die sich verändernde Beziehung zwischen der Familie und der Kommunistischen Partei zurückzuführen war, begleitet von den entsprechenden Konversionen zwischen verschiedenen Formen von Kapital. Das andere Beispiel ist Jiří Kabele, der die postkommunistische Transformation im Sinne von narrativen und konstruktiven Prozessen untersucht hat. Sein Buch *Verwandlungen: Prinzipien der sozialen Konstruktion* (Kabele 1998, vgl. 2010) war eines der wenigen, das westliche konzeptionelle Ressourcen für eine originelle Lösung allgemeiner theoretischer Probleme, insbesondere des Agency-Structure-Dilemmas, nutzte.

Die Erstellung einer disziplinären Agenda

Abgesehen von der verbindenden Frage der Transformation, die später in diesem Kapitel behandelt wird, stößt jeder Versuch, die gemeinsamen Interessen der Soziologen in der Tschechischen Republik während der 1990er-Jahre zusammenzufassen, auf Schwierigkeiten. Es gab einen offensichtlichen Unterschied zur Situation vor 1989: Der Staat hatte keinen direkten politischen oder ideologischen Einfluss mehr auf die Gestaltung der disziplinären Agenda. Zu Beginn des Jahrzehnts waren die tschechischen Soziologen in ihrem Bemühen, eine disziplinäre Identität zu bilden, auf sich allein gestellt – erst Ende der 1990er-Jahre begann der Staat, systematisch seine Prioritäten festzulegen, vor allem durch die Bereitstellung von Finanzmitteln für Themen im Zusammenhang mit dem Beitrittsprozess zur Europäischen Union.

Mit dem Wegfall der politischen Kontrolle nach 1989, aber mit begrenzter internationaler Erfahrung und begrenzten Fremdsprachenkenntnissen (zusammen mit einer plötzlichen Abwertung der Russischkenntnisse) erlebten die nationalen Publikationsorgane eine Art Boom. Das „Flaggschiff" (aber nicht mehr die einzige) der tschechischen Zeitschriften *Sociologický časopis* war bereit, eine zentrale Position in den Publikationsstrategien der tschechischen Soziologen einzunehmen, da sie die einzige soziologische Zeitschrift des Landes mit einem „Impact Factor" war. Im Jahr 1990 änderte sie ihre Identität von der offiziellen Zeitschrift der marxistisch-leninistischen Soziologie zu einer Zeitschrift, die internationale Bedeutung anstrebte. In den folgenden zehn Jahren war sie die zentrale Plattform für die Untersuchung der postkommunistischen Transformation und des neu entstehenden politischen Systems, aber auch für neue disziplinäre Teilbereiche und Nischen wie Gender, Zivilgesellschaft und Globalisierung. Seit 1992, als die englischsprachige Ausgabe ins Leben gerufen wurde, diente die Zeitschrift auch der Kommunikation mit der internationalen Gemeinschaft (mit der unbeabsichtigten Folge, dass viele tschechische Autoren von der Veröffentlichung in westlichen Zeitschriften abgehalten wurden). Andere Zeitschriften entstanden schnell, aber einige überlebten die erste Zeit der Begeisterung nicht. Dies war der Fall bei *Sociologické aktuality* (*Soziologischer Newsletter*, 1989–1994) und *S-Obzor* (*S-Horizont*, 1992–1995), dem Nachfolger einer Samisdat-Zeitschrift, die ein neues Paradigma der kritischen Soziologie fördern sollte (Havelka 1993, S. 529). Erfolgreicher als Herausforderer der in Prag ansässigen und quantitativ ausgerichteten *Sociologický časopis* waren zwei weitere Zeitschriften, die im Laufe der 1990er-Jahre gegründet wurden: die Zeitschrift für qualitative und biografische Soziologie *Biograf* und die von der Brünner Fakultät herausgegebene generalistische Zeitschrift *Sociální studia* (*Sozialstudien*).

Die Entwicklung im Buchverlagswesen verlief aufgrund des Zusammenbruchs des kommunistischen Verlagswesens und seiner chaotischen Privatisierung kurz nach 1989 weniger geradlinig, aber die Soziologie profitierte von der allmählichen Zunahme der Zahl öffentlicher und privater

Verlage in der Folgezeit. Der wichtigste dieser Verlage war der 1991 gegründete SLON (Soziologischer Verlag), der einzige tschechische Verlag, der sich ausschließlich auf soziologische und verwandte Literatur konzentriert (siehe Červinková 2012, S. 1172). Im Zeitraum von 1991 bis 2000 veröffentlichte SLON 79 Bücher (21 von ausländischen Autoren). Da es sich bei vielen Titeln um Lehrbücher, Einführungstexte in verschiedene Fachgebiete und Übersetzungen handelte, trug SLON maßgeblich dazu bei, der rasch wachsenden Zahl von Studierenden zuverlässige Lehrmaterialien zur Verfügung zu stellen. Etwas später begannen die beiden renommiertesten akademischen Verlage der Zeit nach 1989, Academia (unter der Akademie der Wissenschaften) und Karolinum (Verlag der Karls-Universität Prag), soziologische Bücher zu veröffentlichen. Bis zum Jahr 2000 entstand eine Gruppe kleiner privater Verlage, die darauf bedacht waren, mit Büchern, die sich nicht verkauften, aber aus öffentlichen Forschungsgeldern subventioniert wurden, einen mäßigen, aber immerhin einen gewissen Gewinn zu erzielen. Gleichzeitig wurden viele Bücher, Sammelbände und Arbeitspapiere weiterhin von den akademischen Einrichtungen selbst veröffentlicht, eine gängige Praxis aus der Zeit vor 1989, die häufig mit einer schwachen und nur formalen Peer-Review einherging.

Der massive politische Wandel und der damit einhergehende radikale Diskurswechsel versetzte viele in der marxistisch-leninistischen Wissenschaft ausgebildete Akademiker, die von der westlichen Literatur gründlich isoliert worden waren, in eine Anfängerposition. Gemessen an den Maßstäben der westlichen akademischen Kultur können viele der in dieser Zeit entstandenen Publikationen kaum als originelle Forschungsarbeit angesehen werden. So können beispielsweise zahlreiche Artikel über soziologische Theorie, die in der Zeitschrift *Sociologický časopis* veröffentlicht wurden, bestenfalls als gute Einführungen in ein theoretisches Thema bezeichnet werden, schlimmstenfalls als Auszüge aus einem westlichen Buch, die mit einer fragwürdigen Herangehensweise an die Quellenangabe geschrieben wurden. Viele der damals produzierten Texte hatten die Form von internen Berichten, vervielfältigten Forschungspapieren, Sammelbänden, Konferenzberichten, unveröffentlichten Lehrbuchkapiteln und Rezensionen. In der Übergangszeit war der Beruf des Akademikers nicht mit einem Publikationszwang verbunden, und die Publikationsleistung definierte den akademischen Verdienst nur in geringem Maße. Angesichts des Fortbestehens der akademischen Arbeitsteilung aus der Zeit vor 1989 – die Forschung konzentrierte sich in der Akademie, während die Universitäten in erster Linie in der Lehre tätig waren, wenn auch jetzt mit der zusätzlichen Last der Hochschulreform – ist es nicht überraschend, dass die beobachteten Publikationsmuster eher die Forschungsinteressen bestimmter Abteilungen oder Zentren innerhalb des Instituts für Soziologie der Akademie widerspiegeln als alles andere.

Die vorherrschenden Themen der soziologischen Veröffentlichungen in den 1990er-Jahren waren die postkommunistische Transformation im Allgemeinen, die Dynamik der sozialen Struktur und Schichtung, sozioökonomische Veränderungen und die sozialen Aspekte der wirtschaftlichen Transformation, soziale Probleme und sozialpolitische Fragen sowie das neue politische und administrative System (Illner 2002, S. 203). Die Hauptinteressen der Soziologie in der Tschechischen Republik im ersten Jahrzehnt nach 1989 lassen sich auch aus den Zahlen über die Art der in *Sociologický časopis* veröffentlichten Artikel ablesen. Die größte Gruppe fiel unter die Rubrik „Regierung und politische Macht" (14,5 % aller Artikel) und umfasste hauptsächlich Texte über das neue politische System. Artikel der Kategorie „Transformation" machten 12,3 % aus, während „Schichtung und Klassenstruktur der Gesellschaft" mit 11 % an dritter Stelle stand. Die institutionelle Zugehörigkeit der Autoren stellt sich wie folgt dar: 43 % der Artikel wurden von Forschern der Akademie der Wissenschaften verfasst, 30 % von der Karls-Universität in Prag und 15 % von der Masaryk-Universität in Brünn (Vohralíková 2002, S. 144). Die Dominanz dieser drei disziplinären Zentren spiegelt sich auch in der Verteilung der Forschungsmittel in diesem Zeitraum wider. Zu Beginn der 1990er-Jahre hatten die Forscher nur begrenzten Zugang zu öffentlichen Geldern (mit Ausnahme derjenigen, die an der Akademie tätig waren, wo 1990 eine eigene Förderagentur gegründet wurde). Dies änderte sich mit der Gründung der Tschechischen Wissenschaftsstiftung (GA ČR) im Jahr 1993, die sich bald als wichtigste nationale Förderagentur für die Grundlagenforschung etablierte. Ihre Finanzierung von Soziologieprojekten im Zeitraum 1993–2000 kam fast ausschließlich den dominierenden Zentren zugute: Von 60 Projekten gingen 22 an die Karls-Universität, 20 an die Akademie der Wissenschaften und 17 an die Masaryk-Universität (Vohralíková 2002, S. 146).

Während die institutionelle Landkarte Mitte bis Ende der 1990er-Jahre mehr oder weniger gleich blieb, gab es sichtbare Verschiebungen bei den disziplinären Profilen und Agenden. Die verschiedenen Fakultätsinstitute entwickelten unterschiedliche Forschungsschwerpunkte, von denen die „biografische Soziologie" und die „angewandte Forschung" an der Prager Fakultät für Sozialwissenschaften, die „Kriminologie" und die „Arbeitssoziologie" an der Prager Philosophischen Fakultät sowie „Minderheiten", „Familiensoziologie" und „Bevölkerungsstudien" in Brünn am stärksten ausgeprägt waren (siehe Illner 2002; Petrusek 2003; Nešpor 2014, S. 525–529). Trotz dieser Ausdifferenzierung und der damit verbundenen Zunahme von Konkurrenzspannungen kam es in den 1990er-Jahren nicht zu einer Wiederkehr des tiefen Antagonismus zwischen den Prager und Brünner Gruppen, der in der Zwischenkriegszeit bestanden hatte (siehe Kap. 3) – eine bedauerliche Tatsache, wenn man bedenkt, dass ein Zusammenprall gut artikulierter Ansichten dazu hätte beitragen können, die Debatte über größere theoretische und methodologische Fragen und die besondere Rolle und Aufgabe der Soziologie in der Tschechischen Republik zu beleben. Wenn es überhaupt zu intellektuellen Kontroversen kam, so fanden diese in der Regel zwischen den Abteilungen der Akademie oder innerhalb der Fakultäten statt.

Die intellektuelle Landschaft der Soziologie in der Tschechischen Republik nach 1989 war vor allem wegen der verzögerten Rezeption internationaler Einflüsse während der kommunistischen Ära von den berüchtigten alten Spannungen geprägt, die mit zunehmender Intensität auftraten, obwohl sie sich als eher kurzlebig erwiesen. Die disziplinären Debatten drehten sich um solche binären Gegensätze wie Makro- und Mikroebene oder wertneutrale und kritische Soziologie, aber die wohl hitzigsten Auseinandersetzungen betrafen die Spaltung zwischen hermeneutischen oder biografischen Methoden einerseits und der quantitativen positivistischen Tradition andererseits. Obwohl fast jede Verteidigung einer These, die auf qualitativen Methoden beruhte, eine lebhafte Diskussion über die wissenschaftliche Strenge der Grounded Theory oder über den Nutzen der aus nur vier Interviews destillierten Informationen zu beinhalten schien, löste sich der Konflikt schließlich auf, und die qualitativen Ansätze fanden ihre institutionellen Nischen, insbesondere an den Universitäten, dank ihrer anhaltenden Beliebtheit bei den Studenten.

Die 1990er-Jahre waren auch die Zeit, in der die Geschlechterforschung in der Tschechischen Republik Einzug in die akademische Szene hielt. In dem kulturell konservativen und männerdominierten akademischen Umfeld verlief die Institutionalisierung des Fachs nicht ohne Schwierigkeiten, und Gender Studies wurden oft als reiner Aktivismus abgetan (vgl. Šmejkalová 2004). Forschung und Lehre wurden zunächst vor allem von zwei Prager Institutionen betrieben: der 1990 am Institut für Soziologie der Akademie der Wissenschaften gegründeten Abteilung Gender & Sociology, die seit 2000 die Zeitschrift *Gender, rovné příležitosti, výzkum* (*Gender & Forschung*) herausgibt, und der 1991 gegründeten gemeinnützigen Organisation Gender Studies, die unter anderem Vorlesungen zu Genderfragen an tschechischen Universitäten organisierte. Erst um die Jahrtausendwende begann sich die Geschlechterforschung als Studienprogramm an den Universitäten zu etablieren. Das erste spezialisierte Zentrum wurde 1998 am Institut für Sozialarbeit an der Philosophischen Fakultät der Karls-Universität eingerichtet. Zwei Jahre später lehnte die Fakultät es jedoch ab, eine Anschubfinanzierung der Ford Foundation für die Entwicklung eines vollwertigen akademischen Programms für Geschlechterstudien anzunehmen, und der Akademische Senat, der sich aus Akademikern und Studenten zusammensetzt, löste das Zentrum mit der Begründung auf, dass Geschlechterstudien nicht zu den Prioritäten der Fakultät gehörten. Die Gender-Studies-Gruppe wechselte zur geisteswissenschaftlichen Fakultät derselben Universität, wo ein Institut eingerichtet und 2004 ein MA-Studiengang eröffnet wurde (Sokolová 2014, S. 591–592). Gleichzeitig wurde an der Fakultät für Sozialstudien in Brünn ein BA-Studiengang in Gender Studies eingerichtet.

Tschechische Soziologen und ihre „Transformation" im internationalen Kontext

1995 löste Petr Matějů, ein international anerkannter Soziologe für soziale Schichtung, mit einem Vortrag auf einer von der International Sociological Association (ISA) geförderten Konferenz in Prag die Debatte über das „posttotalitäre Trauma der tschechischen Soziologie" aus. Dieser Beitrag, der ursprünglich für ein internationales Publikum bestimmt war, wurde in der Zeitschrift *Sociologický časopis* zusammen mit Erwiderungen anderer führender tschechischer Soziologen veröffentlicht. Matějů, selbst einer der Hauptakteure der tschechischen „Transformationsdebatte", hoffte, eine Diskussion über den Zustand der tschechischen Soziologie anzustoßen, indem er zwei suggestive Fragen stellte: „Warum ist das Bild der tschechischen Soziologie auf der internationalen Bühne so vage, vor allem im Vergleich zu dem Bild, das die ungarische und polnische Soziologie von sich selbst geben?" und „Ist die tschechische Soziologie auf dem Weg in eine bessere Zukunft als Ergebnis der politischen und wirtschaftlichen Veränderungen, die in unserer Gesellschaft seit dem Zusammenbruch des totalitären Regimes stattgefunden haben?" (Matějů 1995, S. 255). Die Fragen standen im Einklang mit der Tatsache, dass die Aufgabe der tschechischen Soziologie damals in erster Linie darin gesehen wurde, Expertenwissen für die erfolgreiche Bewältigung des gesellschaftlichen und wirtschaftlichen Transformationsprozesses zu liefern. So hatte Eduard Urbánek in einem anderen Zusammenhang geschrieben, dass die Hauptaufgabe der tschechischen Soziologie darin bestehe, „die Umsetzung der wirtschaftlichen Transformation zu erleichtern" (Urbánek 1994, S. 87). Die Erwartung, dass die Soziologie in der Tschechischen Republik ihre Erfüllung im Dienste der Wirtschaftsreform finden würde, erfüllte sich jedoch nicht. Stattdessen wurde die öffentliche Debatte über die „Transformation" bald von der Wirtschaftswissenschaft dominiert. Die Soziologie hat verloren. Die Ökonomen, die in der damaligen politischen Führung eine herausragende Rolle spielten, vertraten eine ziemlich geradlinige Sicht auf die Gesellschaft und betonten im Einklang mit ihrer neoliberalen ideologischen Ausrichtung den freien Markt, die Privatisierung und die minimale Rolle des Staates (siehe Eyal 2000, S. 71–79).

In seinem Beitrag argumentierte Matějů weiter, dass die Soziologie – anders als die Wirtschaftswissenschaften als akademische Disziplin und als Instrument des Reformprozesses (den Ministerpräsident Klaus bereits 1993 für „abgeschlossen" erklärte) – an den Rand gedrängt worden sei, weil sie „bestenfalls in der Lage war, einige wenige ideologische Schemata hervorzubringen, die zudem noch einen relativ starken „sozialistischen Beigeschmack" besaßen" (Matějů 1995, S. 256). Die Debatte, die sich an den Artikel anschloss (und ein ganzes Jahr lang andauerte), konzentrierte sich auf zwei wiederkehrende Themen: die Beteiligung der Soziologie an der „Transformation" und ihre Stellung in der akademischen Szene. Einer der Diskutanten, Jiří Kabele (1995), vertrat die Ansicht, dass es mindestens zwei Generationen dauern würde, bis die Soziologie in der Lage sein würde, etwas Substantielles über die „Transformation" als Ganzes zu sagen. Andere argumentierten, dass die Abwesenheit der Soziologie von der öffentlichen Bühne einfach auf die Tatsache zurückzuführen sei, dass die sozialen Folgen der Reform angesichts der Geschwindigkeit des von den Ökonomen vorangetriebenen Reformprozesses noch nicht auf der politischen Tagesordnung gestanden hätten (Potůček 1995; Machonin 1995). Alles in allem offenbarte diese Debatte über die Identitätskrise der Soziologie, dass den tschechischen Soziologen im Gegensatz zu den tschechischen Wirtschaftswissenschaftlern eine übergreifende theoretische (und ideologische) Vision der „Transformation" fehlte.

Trotz der Tatsache, dass viele Teilnehmer an der Debatte über das „posttotalitäre Trauma" Vorbehalte gegenüber der Identifizierung der Soziologie mit der Durchführung von Wirtschaftsreformen äußerten, fungierte das Thema „Transformation" zweifellos als integratives Projekt, das Teil der systemischen Agenda der Soziologie in der Tschechischen Republik in den 1990er-Jahren war. Die beiden markantesten Ansätze waren der von Pavel Machonin und seinem Team vertretene, der 1991 eine große Studie mit dem Titel *Transformation der Sozialstruktur* initiierte (die zunächst als aktualisierte Version der Studie über die Schichtung der tschechoslowakischen Gesellschaft aus dem Jahr 1967 geplant war, siehe Kap. 4), und der von Petr Matějů und Jiří Večerník, deren *Sozialbericht über die Tschechische Republik 1989–1998* (Večerník und Matějů 1999) auf den Daten der großen Umfrage *Wirtschaftliche Erwartungen und Einstellungen* basierte, die von 1990 bis 1998 jährlich durchgeführt wurde (Krejčí und Čížek 2014, S. 566). Diese beiden Teams gingen von unterschiedlichen und oft entgegengesetzten Annahmen aus: Machonins Team vertrat den traditionellen Ansatz, der auf dem reformmarxistischen Denken der 1960er-Jahre und der Modernisierungstheorie beruhte, während die Gruppe von Matějů und Večerník viele der Grundsätze der Wirtschaftsreformen teilte, denen Machonin et al. entgegenstanden (Petrusek 2003, S. 58–59).

Obwohl die Teams zahlreiche Veröffentlichungen vorlegten (z. B. Machonin und Tuček 1996; Večerník 1996; Matějů und Vlachová 1999), bestand ihr Ziel nicht darin, eine übergreifende Theorie des Transformationsprozesses zu entwickeln, die bei der Untersuchung des umfassenden sozialen Wandels in anderen Teilen der Welt angewandt werden könnte. Mit Ausnahme des Buches *Czechoslovakia, 1918–1992: a laboratory of social change* von Pavel Machonin und Jaroslav Krejčí, in dem die Autoren versuchten, „die grundlegenden sozialen Veränderungen von der Geburt des tschechoslowakischen Nationalstaates bis zu seiner Auflösung zu erforschen" (Krejčí und Machonin 1996, S. 3; siehe auch Machonin 1997), zeigten die tschechischen Soziologen kein großes Interesse an allgemeineren Problemen der gesellschaftlichen Entwicklung. Oftmals diente die Diskussion über die „Transformation" lediglich als ritualisierte Einleitung für die Analyse der jeweiligen Daten. Angesichts der Allgegenwärtigkeit dieses Schlagworts wurde selbst von Autoren, die sich mit einem recht spezifischen Thema befassten, erwartet, dass sie es im Zusammenhang mit der allgemeinen Frage der „Transformation" betrachten.

Die tschechische Version der „Transformationsstudien" bildete einen spezifischen Diskurs, der auf ein gewisses internationales Echo stieß, das vielleicht mit der Reaktion auf den tschechischen Diskurs über die Zivilgesellschaft vergleichbar ist, obwohl hier der Beitrag der tschechischen

Soziologen sicherlich weniger sichtbar war (z. B. Marada 1996). Die internationalen Kooperationsprojekte im Zusammenhang mit der „Transformation" und die allgemeineren länderübergreifenden Längsschnittstudienprogramme[4] trugen dazu bei, die Glaubwürdigkeit und Relevanz der Soziologie innerhalb der breiteren akademischen Gemeinschaft zu stärken. Vor allem aber trugen die „Transformationsstudien" dazu bei, ein Gefühl der Kontinuität in der sozialwissenschaftlichen Forschung wiederherzustellen. Als konstante Aktivität während der gesamten 1990er-Jahre brachte sie große Datensätze, zahlreiche Sozialberichte und andere Materialien hervor, die für weitere Untersuchungen offen sind (das tschechische sozialwissenschaftliche Datenarchiv wurde 1998 am Institut für Soziologie der Akademie gegründet). All dies war ein großer Fortschritt gegenüber der Situation in den vorangegangenen Jahrzehnten, als die offizielle Politik darin bestand, jegliches Wissen über den Zustand der Gesellschaft geheim zu halten. Vor diesem Hintergrund mag es überraschen, dass sich bis heute niemand daran gemacht hat, eine zusammenfassende Würdigung der Literatur der 1990er-Jahre über die „Transformation" in der Tschechischen Republik zu schreiben.

Ein weiterer bemerkenswerter Aspekt des Beitrags tschechischer Soziologen zu den internationalen Debatten über den sozialen Wandel im ersten Jahrzehnt nach 1989 ist, dass sie in dem aufkommenden Diskurs über Post-Sozialismus und Post-Kommunismus fast völlig fehlten. Obwohl tschechische Autoren eine ganze Reihe von Büchern, Artikeln und Konferenzbeiträgen verfassten, die „Postsozialismus", „Postkommunismus" und ähnliche Begriffe im Titel trugen, waren diese Worte meist nur Symbole für den jeweiligen Zeitraum und die jeweilige Region – die Texte selbst sagten wenig über die Themen aus, die im Rahmen der Untersuchung von Postsozialismus oder Postkommunismus verfolgt wurden. Infolge dieses Versäumnisses, sich mit den breiteren theoretischen Zusammenhängen zu befassen, fand die Arbeit der tschechischen Soziologen wenig internationale Resonanz. Westliche Autoren beschränkten sich auf formelhafte Schilderungen der Ereignisse vom November 1989, auf Verweise auf Václav Havel und auf eine (länderübergreifende) Zusammenfassung der wichtigsten Transitionsprozesse wie Privatisierung, Rückgabe von Privateigentum, Rehabilitierung der Opfer politischer Verfolgung oder die Überprüfung ehemaliger Mitarbeiter der Geheimpolizei. Dies wird vielleicht am besten durch die Tatsache veranschaulicht, dass selbst die ehrgeizigsten westlichen Werke in diesem Bereich, wie William Outhwaite und Larry Rays *Social theory and postcommunism* (2005), keinen

Verweis auf ein tschechisches Buch, einen tschechischen Artikel oder einen tschechischen Autor enthalten, abgesehen von Havels Essay über „antipolitische Politik" und einer seiner Reden über die Notwendigkeit der Transzendenz in der postmodernen Welt.

Schlussfolgerung

Im Gründungsjahrzehnt nach 1989 entwickelte sich die Soziologie in der Tschechischen Republik zu einer differenzierten – und oft auch zersplitterten – Disziplin, die in einigen Bereichen (wie der sozialen Schichtungsforschung, der Stadt- und Regionalsoziologie oder der Arbeits- und Industriesoziologie) an ihre früheren Errungenschaften anknüpfte und in anderen von bescheideneren Ausgangspositionen aus startete. Das Engagement und das Verantwortungsbewusstsein der tschechischen Soziologen für ihr Fach waren in dieser Zeit bemerkenswert. Ihr grundlegendes Anliegen lässt sich wohl am besten mit dem damals populären – und heute diskreditierten – Konzept des „Nachholens" gegenüber dem Westen beschreiben. Im speziellen Fall der tschechischen Soziologie, die 20 Jahre lang von den entscheidenden Entwicklungen in der Weltsoziologie isoliert war, führte diese Motivation zu einer breiten Palette von Aktivitäten, die unterschiedlich erfolgreich waren. Trotz signifikanter institutioneller und intellektueller Fortschritte ging die Verwestlichung mit einer wachsenden Abhängigkeit von externen Modellen einher. Der Ruf nach einer „Internationalisierung" der Disziplin führte zu einer Neigung, westliche Trends und Neuerungen unkritisch zu übernehmen.

Notes

1. Die Zahl der Mitarbeiter der Akademie der Wissenschaften sank 1992 um ein Drittel und nach den Haushaltsbeschränkungen 1993 um die Hälfte im Vergleich zum Stand von 1989 (von 13.896 im Jahr 1989 auf 7127 im Jahr 1993 – Sozial- und Geisteswissenschaften sanken um 57 % – von 2420 im Jahr 1989 auf 1046 im Jahr 1993, Kopfzahl) (Provazník et al. 1998, S. 36).
2. Von den zehn Sektionen, die Anfang der 1990er-Jahre existierten, waren am Ende des Jahrzehnts nur noch zwei regelmäßig aktiv (Soziologie der Landwirtschaft und soziale Abweichung) (Petrusek 2003, S. 57).
3. Die Idee einer „mitteleuropäischen Universität" kam erstmals 1989 auf. Ursprünglich wurde sie als Bündnis zweier Organisationen institutionalisiert – der CEU in Prag und der CEU in Budapest (Pospíšilová 2013, S. 31). Jiří Musil wurde 1992 Direktor der Prager Niederlassung der CEU.

4. Zu diesen beiden Projekttypen gehören: International Social Justice Project (ISJP), Social Stratification in Eastern Europe after 1989 (SSEE), Social Consequences of Transition (SOCO), International Social Survey Program (ISSP), oder European Values Study (EVS) (Večerník 2014).

Literatur

Bělohradský, Václav. 2011. The post-communist manifesto. *Human Affairs* 21(1): 62–69.
Bryant, Christopher. 2000. *George Soros, the Central European University and sociology*. Salford: Institute for Social Research of the University of Salford.
Červinková, Hana. 2012. Miloslav (Milan) Petrusek (1936–2012). *Sociologický časopis/Czech Sociological Review* 48(6): 1171–1174.
Čerych, Ladislav. 1995. Educational reform in Central and Eastern Europe. *European Journal of Education* 30(4): 423–435.
Eyal, Gil. 2000. Anti-politics and the spirit of capitalism: Dissidents, monetarists, and the Czech transition to capitalism. *Theory and Society* 29(1): 49–92.
Havel, Václav. 1991. *Open letters: Selected writings, 1965–1990*. New York: Vintage Books.
Havelka, Miloš. 1993. S-OBZOR – neformální sociologický časopis (S-Horizon – An informal sociological journal). *Sociologický časopis* 29(4): 529–531.
Havránek, Jan, und Zdeněk Pousta, Hrsg. 1998. *Dějiny Univerzity Karlovy IV (1918–1990)* (The history of Charles University IV. (1918–1990)). Prague: Karolinum.
Illner, Michal. 2002. Sociology – Czech Republic. In *Three social science disciplines in Central and Eastern Europe: Handbook on economics, political science and sociology (1989–2001)*, Hrsg. Max Kaase, Vera Sparschuh, und Agnieszka Wenninger, 405–424. Berlin/Bonn: Social Science Information Centre/Collegium Budapest.
Kabele, Jiří. 1995. Trauma sociologie a české čekání na druhý dech (The sociology's trauma and the Czech waiting for a second breath of life). *Sociologický časopis* 31(2): 263–266.
———. 1998. *Přerody – principy sociálního konstruování* (Regeneration – Principles of social construction). Prague: Karolinum.
———. 2010. The agency/structure dilemma: A coordination solution. *Journal for the Theory of Social Behaviour* 40(3): 314–338.
Keen, Mike F., und Janusz Mucha. 2004. Sociology in Central and Eastern Europe in the 1990s: A decade of reconstruction. *European Societies* 6(2): 123–147.
Krejčí, Jaroslav, und Pavel Machonin. 1996. *Czechoslovakia, 1918–1992: A laboratory for social change*. London: Palgrave Macmillan.
Krejčí, Jindřich, und Tomáš Čížek. 2014. Empirická sociologie (Empirical sociology). In *Dějiny české sociologie* (The history of Czech sociology), Hrsg. Zdeněk R. Nešpor, 560–573. Prague: Academia.

Kuhn, Thomas. 1962. *The structure of scientific revolutions*. Chicago: Univesity of Chicago Press.
Machonin, Pavel. 1995. K důkladnější analýze příčin problémů české sociologie (Towards a more thorough analysis of the causes of Czech sociology's problems). *Sociologický časopis* 31(3): 357–360.
———. 1997. *Social transformation and modernization: On building theory of societal changes in the post-communist European countries*. Prague: SLON.
Machonin, Pavel, und Milan Tuček, Hrsg. 1996. *Česká společnost v transformaci. K proměnám sociální struktury* (Czech society in transformation: On the changes of social structure). Prague: SLON.
Marada, Radim. 1996. Power, money, and the good: Civil society between the state and market. *Sociální studia/Social studies* 1(1): 43–54.
Maříková, Hana, Miloslav Petrusek, und Alena Vodáková, Hrsg. 1996. *Velký sociologický slovník* (The great sociological dictionary). Prague: Karolinum.
Matějů, Petr. 1995. Posttotalitní trauma české sociologie (The post-totalitarian trauma of Czech sociology). *Sociologický časopis* 31(2): 255–258.
Matějů, Petr, und Klára Vlachová, Hrsg. 1999. *Nerovnost, spravedlnost, politika. Česká Republika 1991–1998* (Inequality, justice, politics. Czech Republic 1991–1998). Prague: SLON.
Možný, Ivo. 1991. *Proč tak snadno ... Některé rodinné důvody sametové revoluce* (Why so easy ... Some family reasons of velvet revolution). Prague: SLON.
Musil, Jiří. 2006. Poznámky ke čtyřiceti letům Sociologického ústavu AV ČR (Notes to 40 years of existence of the Institute of Sociology AS CR). *Sociologický časopis/Czech Sociological Review* 42(1): 189–191.
Nešpor, Zdeněk R. 2014. Organizační zázemí akademického života (The organizational base of academic life). In *Dějiny české sociologie (The history of Czech sociology)*, Hrsg. Zdeněk R. Nešpor, 524–537. Prague: Academia.
Outhwaite, William, und Larry Ray. 2005. *Social theory and postcommunism*. Oxford: Blackwell.
Petrusek, Miloslav. 2002. Peripetie Masarykovy české sociologické společnosti (nejen v letech 1989–2002) (The peripeties of the Masaryk Czech Sociological Association (not only in years 1989–2002)). *Sociologický časopis/Czech Sociological Review* 38(1–2): 184–189.
———. 2003. Sociology in the Czech Republic after 1989. In *Sociology in Central and Eastern Europe: Transformations at the dawn of a new millennium*, Hrsg. Mike Keen und Janusz Mucha, 49–60. Westport: Praeger Publishers.
———. 2006. *Společnosti pozdní doby* (Societies of a late age). Prague: SLON.
Pospíšilová, Tereza. 2013. *Jiná než ostatní. Středoevropská univerzita v Praze v letech 1990 až 1996* (Unlike any other: Central European University in Prague 1990–1996), Studies of the Hlávka Economic Institute No. 5/2013. Prague: Národohospodářský ústav Josefa Hlávky.

Potůček, Martin. 1995. Kam kráčí česká sociologie? A co jí schází? (Where is Czech sociology heading to? And what is Czech sociology missing?). *Sociologický časopis* 31(3): 366–367.
Provazník, Stanislav, et al. 1998. *Transformace vědy a výzkumu v České Republice* (The transformation of science and research in the Czech Republic). Prague: Filosofia.
Rossi, Peter. 1990. The future of sociology. *Contemporary Sociology* 19(4): 623–624.
Šanderová, Jadwiga. 1995. Vidím to 'trochu' jinak (I see it 'a bit' differently). *Sociologický časopis* 31(3): 361–362.
Seidman, Steven. 1991. The end of sociological theory: The postmodern hope. *Sociological Theory* 9(2): 131–146.
Šiklová, Jiřina. 1990. The gray zone and the future of dissent in Czechoslovakia. *Social Research* 57(2): 347–363.
Šmejkalová, Jiřina. 2004. Feminist sociology in the Czech Republic after 1989. *European Societies* 6(2): 169–180.
Sokolová, Věra. 2014. Genderová studia (Gender studies). In *Dějiny české sociologie* (The history of Czech sociology), Hrsg. Zdeněk R. Nešpor, 589–596. Prague: Academia.
Šubrt, Jiří. 2012. *Zpráva o činnosti Masarykovy české sociologické společnosti v letech 2009–2011* (A report on activities of the Masaryk Czech Sociological Society in 2009–2011). http://www.ceskasociologicka.org/index.php/dokumenty-css/284-zprava-o-innosti-mss-v-letech-2009-2011. Zugegriffen am 13.10.2016.
Urbánek, Eduard. 1994. Ups and downs in Czech sociology. In *Eastern Europe in transformation: The impact on sociology*, Hrsg. Mike Keen und Janusz Mucha, 79–88. Westport: Greenwood Press.
Večerník, Jiří. 1996. *Markets and people: The Czech reform experience in a comparative perspective*. Aldershot: Avebury.
———. 2014. Zapojení do mezinárodních empirických výzkumů (Participation in international empirical surveys). In *Dějiny české sociologie* (The history of Czech sociology), Hrsg. Zdeněk R. Nešpor, 573–580. Prague: Academia.
Večerník, Jiří, und Petr Matějů, Hrsg. 1999. *Ten years of rebuilding capitalism: Czech society after 1989*. Prague: Academia.
Vohralíková, Lenka. 2002. O čem psali a bádali čeští sociologové v devadesátých letech 20. století (What have Czech sociologists researched and written in the 1990s). *Sociologický časopis/Czech Sociological Review* 38(1–2): 139–151.
Weber, Max. 1949. Objectivity in social science and social policy. In *The methodology of the social sciences*, Hrsg. Edward Shils und Henry Finch, 50–112. Glencoe: Free Press.

KAPITEL 7

Nach 2000: Einbindung in den europäischen Kontext

Zusammenfassung Nach dem Jahr 2000 expandierte die Soziologie in der Tschechischen Republik rasch, insbesondere im Hochschulbereich. Mit dem Beitritt zur Europäischen Union wurden in den Bereichen Forschung und Hochschulbildung neue administrative Regelungen eingeführt. Dieses Kapitel konzentriert sich auf die Auswirkungen externer institutioneller Faktoren auf die Entwicklung der Soziologie. Es zeigt, dass die radikale Reform der nationalen Wissenschaftspolitik nach 2004 tiefgreifende Auswirkungen auf die Forschungs- und Publikationspraxis der Soziologen hatte. Die zuvor vorherrschende Ausrichtung der Disziplin auf das Inland wurde zugunsten einer „Internationalisierung" zurückgedrängt, und die interne Organisation der Soziologie wurde von einem projekt- und problemorientierten Forschungsansatz dominiert. Das Ergebnis ist ein zunehmend fragmentiertes und individualisiertes Konzept der soziologischen Forschung.

Entgegen den Erwartungen in den 1990er-Jahren hat sich die Soziologie in der Tschechischen Republik seit der Jahrtausendwende nicht eigenständig entwickelt. In diesem Kapitel wird dargelegt, dass ihre Entwicklung maßgeblich durch den Einfluss von Verwaltungsregimen beeinflusst wurde, die mit den Wissenschafts- und Bildungsreformen begannen, die in erster Linie mit dem Beitrittsprozess zur Europäischen Union verbunden waren (die Tschechische Republik trat der EU 2004 bei). Dieser Prozess leitete einen Regimewechsel in Forschung und Bildung ein. Er brachte vor allem externe Faktoren ins Spiel, die unabhängig von bestimmten disziplinären Zielen wirkten. Im Einzelnen werden wir die Auswirkungen von drei Prozessen nachzeichnen, die die Entwicklung der Soziologie in der Tschechischen Republik nach dem Jahr 2000 nachhaltig beeinflusst haben, nämlich der Ausbau des Hochschulsektors, die F&E-Reform und die Internationalisierung. Es wird die These vertreten, dass für die jüngsten Veränderungen der Soziologie die Auferlegung neuer institutioneller Modelle von außen und der Mangel an interner Integrität ausschlaggebend waren, der sich in der Unfähigkeit manifestierte, die Aktivitäten innerhalb der Disziplin nach ihren eigenen Maßstäben zu lenken.

Der Boom ... und seine Grenzen

Wenn es in der institutionellen Geschichte der tschechischen Soziologie eine blühende Zeit gab, dann war es definitiv das erste Jahrzehnt der 2000er-Jahre. Fast überall konnte man Anzeichen und Bilder von „Wachstum" sehen: steigende Studentenzahlen, eine Zunahme der Zahl der Studiengänge, ein Zustrom von Geld für die Forschung, eine Vielfalt von Lehrplänen, die Modernisierung der institutionellen Infrastruktur und die allgegenwärtigen Möglichkeiten internationaler Kontakte. Im Einklang mit der allgemeinen Expansion des Hochschulsektors haben sich die soziologischen Institute auf den Weg gemacht, um all jenen offen zu stehen, die auf der Suche nach einer unbegrenzten Auswahl an Studienmöglichkeiten waren. Ungeachtet der Tatsache, dass der Ausbau des Hochschulwesens in letzter Zeit nicht mehr als eindeutige „Erfolgsgeschichte" interpretiert wird, hat die staatliche Politik zur Förderung dieses unterentwickelten und ungleich organisierten Sektors eine zwei Jahrzehnte währende Erfolgsserie in Gang gesetzt. Im Jahr 1989 studierten nur etwa 113.000 Studenten an tschechischen Universitäten, aber danach begann die Zahl stetig zu wachsen, bis sie im Jahr 2001 204.000 erreichte (199.000 an öffentlichen und 5000 an privaten Universitäten).[1] Bis 2006 stieg diese Zahl auf 316.000, was bedeutet, dass 50 % der Bevölkerung im Hochschulalter an einer Hochschule studierten. Im Jahr 2010 erreichte der Sektor mit 396.000 Studierenden (339.000 an öffentlichen und 57.000 an privaten Hochschulen) seinen bisherigen Höchststand. Danach sank die Zahl auf 327.000 im Jahr 2015, was offenbar sowohl auf eine rückläufige demografische Kurve als auch auf neue bildungspolitische

Maßnahmen zurückzuführen ist, die Slogans wie „von Quantität zu Qualität", „Diversifizierung" oder „Arbeitsmarktrelevanz" favorisieren.

Die Daten für die Sozial- und Geisteswissenschaften zeigen einen noch stärkeren Anstieg als die Gesamtzahlen. Im Jahr 1989 waren insgesamt 4200 Studenten in einem sozial- oder geisteswissenschaftlichen Studiengang an tschechischen Universitäten eingeschrieben. Diese Zahl stieg bis 1996 auf 11.500 und wuchs dann rasant weiter, von 22.500 im Jahr 2000 auf 66.000 im Jahr 2012. Danach ging sie auf 56.000 im Jahr 2015 zurück. Die wahrscheinlich stärkste Triebkraft für diese Expansion war die Einführung einer „Lehrformel" im Jahr 1992 als primärer Mechanismus für die Zuweisung öffentlicher Mittel, der die Universitäten von einem Anstieg der Studierendenzahlen abhängig machte (Johnstone und Marcucci 2010, S. 299). Der Zauber der Lehrformel wurde in den späten 2000er-Jahren etwas abgeschwächt, als dieser Ansatz den „Massifizierungs"-Prozess außer Kontrolle geraten ließ, aber er ist immer noch ein Schlüsselfaktor für die Budgets der Universitäten.

Seit dem Jahr 2000 ist die Entwicklung des Hochschulwesens in erster Linie mit der Umsetzung und dem konkreten administrativen Umgang mit der Idee der „Forschungsuniversität" verbunden, die sich im Zuge der gleichzeitigen Integration in das europäische Wissenschafts- und Bildungssystem durchzusetzen begann. Obwohl das Konzept der Forschungsuniversität bereits in den 1990er-Jahren im Land vorhanden war, gewann es mit dem Regierungsgesetz über die Unterstützung von Forschung und Entwicklung aus öffentlichen Mitteln, das 2002 in Kraft trat (Gesetz Nr. 130/2002), an Fahrt. Wie wir in den vorangegangenen Kapiteln gezeigt haben, war das Verhältnis zwischen Hochschulbildung und Forschung während der kommunistischen Ära durch die seit langem bestehende Arbeitsteilung zwischen der Akademie der Wissenschaften und den Universitäten geprägt, wobei die Akademie per Gesetz für die Forschung und die Universitäten für die Lehre zuständig waren. In den 1990er-Jahren wurden viele der aus dieser etwas künstlichen Aufteilung resultierenden Hindernisse beseitigt. Bereits 1990 machte das Hochschulgesetz die Universitäten zu den ausschließlichen Anbietern von Promotionsstudiengängen.[2] Da der größte Teil der Forschungsinfrastruktur in der Akademie konzentriert war, wo auch die Doktoranden die Forschungsprogramme absolvierten, mit denen sie den aus der Sowjetzeit stammenden Titel CSc. (*candidatus scientiarum*, der lange Zeit mit einem Doktortitel gleichgesetzt wurde) erwarben, waren die Doktoranden häufig formal an einer Universität angesiedelt, führten ihre Forschung aber an der Akademie durch. Diese etwas verwirrende Situation, in der zwei verschiedene Arten von Postgraduiertenstudien nebeneinander existierten, wurde durch das Hochschulgesetz von 1998 beendet, in dem ausdrücklich festgelegt wurde, dass „nur Hochschuleinrichtungen akademische Grade verleihen dürfen" (Gesetz Nr. 111/1998, Abschnitt 2, Absatz 9). Diese Änderungen lösten eine hitzige Debatte über die künftige Ausrichtung der Akademie und der Universitäten aus, wobei die eine Seite auf die „Ineffektivität paralleler Forschungsinfrastrukturen" hinwies, während die andere Seite die „Symbiose und die positiven Auswirkungen der gegenseitigen Zusammenarbeit" lobte (Šima und Pabian 2013, S. 99).

An den Universitäten stieß der Gedanke, dass die Forschung zu der Lehre hinzukommt, während beide als getrennte Tätigkeitsbereiche behandelt werden, zunächst auf Vorbehalte und manchmal auch auf offene Feindseligkeit (Pabian 2009; Stöckelová et al. 2009). Vor allem in den sozial- und geisteswissenschaftlichen Fächern erschien die selbstständige Rubrik „Forschung" als eine weitere Form, das mit der Expansion des Hochschulsektors schon ausreichend beschäftigte Hochschulpersonal zusätzlich zu beanspruchen. Da die Zahl des akademischen Personals im Vergleich zu den 1990er-Jahren mehr oder weniger gleich geblieben ist und erst um 2005 zu wachsen begann, war es im ersten Jahrzehnt des neuen Jahrtausends nicht ungewöhnlich, dass jemand 12 Kurse pro Woche unterrichtete, mehr als 20 Doktoranden betreute oder den Vorsitz in allen möglichen Hochschulgremien innehatte.

Der sprunghafte Anstieg der Studentenzahlen lässt sich anhand der Zahlen aus den sozialwissenschaftlichen Fakultäten der Karls-Universität in Prag und der Masaryk-Universität in Brünn aufzeigen (Abb. 7.1 und 7.2).[3] Da es sich um die beiden größten soziologischen Institute des Landes handelt, lassen sich anhand dieser Zahlen der „Boom" und seine Grenzen gut veranschaulichen. Allerdings werden die Daten dadurch etwas verzerrt, dass sie auf B.A.-Ebene nur für Soziologiestudenten in gemeinsamen Studiengängen (mit Sozialpolitik, Journalismus, Politikwissenschaft oder anderen Fächern) erhoben werden konnten. Was die allgemeinen Konturen des Booms auf Fakultätsebene betrifft, so stieg die Zahl der Soziologiestudenten an der Fakultät für Sozialstudien in Brünn von 621 im Jahr 1998 (als die Fakultät gegründet wurde) auf 2359 im Jahr 2004 und 3367 im Jahr 2014. In Prag kletterte die Zahl von 2413 im Jahr 2000 auf 3033 im Jahr 2006 und 4461 im Jahr 2015. Das Budget der Prager Fakultät stieg von umgerechnet 2,7 Millionen Euro im Jahr 2002 (15 % davon für Forschung) auf 7,1 Millionen Euro im Jahr 2006 (30 %) und 12,6 Millio-

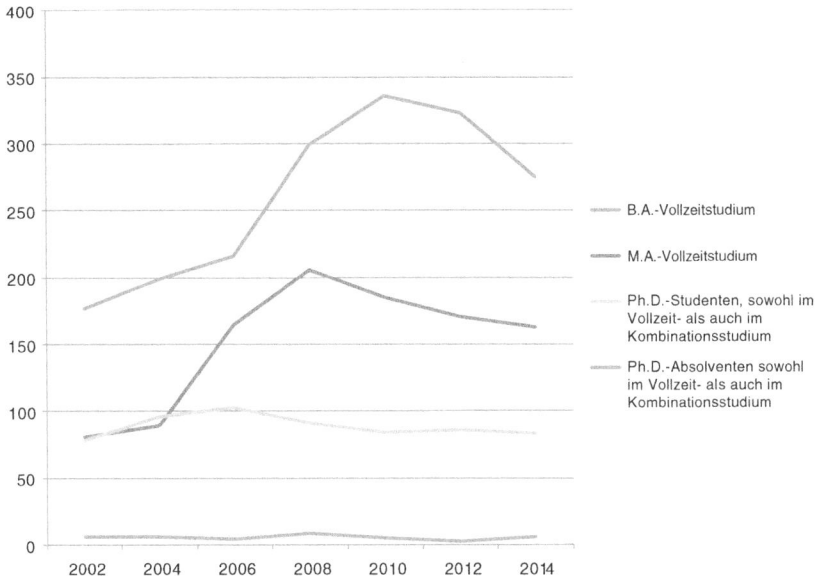

Abb. 7.1 Immatrikulationen und Promotionen, Soziologie, 2002–2014 – Fakultät für Sozialwissenschaften, Karls-Universität Prag. (*Quelle:* Jahresberichte der Fakultät für Sozialwissenschaften der Karls-Universität)

nen Euro im Jahr 2015 (25 %). Die Zahlen für Brünn zeigen ein ähnlich wachsendes Budget: von 2,6 Millionen Euro im Jahr 2002 (33 % für Forschung) auf 6,4 Millionen Euro im Jahr 2006 (22 %) und 10,6 Millionen Euro im Jahr 2014 (24 %).[4]

Wie die Zahlen für die soziologischen Institute und für die Fakultäten insgesamt zeigen, erreichte der „Boom" der Studierenden um 2008–2010 seinen Höhepunkt. Seitdem ist ein deutlicher Abwärtstrend zu verzeichnen, insbesondere bei den Bachelor-Studiengängen, die durch die 2009 eingeführten neuen staatlichen Maßnahmen reduziert wurden. Was die Soziologie betrifft, so fielen diese regulatorischen Änderungen mit dem nachlassenden Interesse der Studierenden an Soziologie als Studienfach zusammen. Die Zahl der Bewerbungen für den Bachelorstudiengang Soziologie an der Fakultät für Sozialwissenschaften in Prag fiel von einem Höchststand von 1567 im Jahr 2008 auf 739 im Jahr 2012 und 325 im Jahr 2015; in Brünn sank die Zahl von 1877 im Jahr 2007 auf 839 im Jahr 2014. Dieser Rückgang des studentischen Interesses bedeutete, dass die

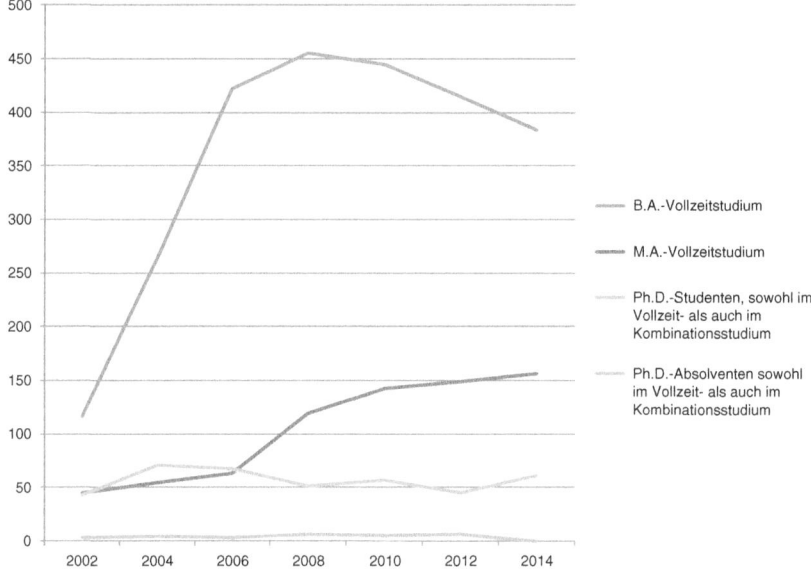

Abb. 7.2 Immatrikulationen und Promotionen, Soziologie, 2002–2014 – Fakultät für Sozialstudien, Masaryk-Universität Brünn. (*Quelle:* Jahresberichte der Fakultät für Sozialstudien der Masaryk-Universität. *Anmerkungen 1.* Die Zahlen für die B.A.-Studiengänge schließen die Studenten in den gemeinsamen Studienprogrammen ein. 2. Ein *Vollzeit*-Promotionsstudiengang dauert bis zu 4 Jahre. Die Studierenden sind einem Fachbereich angegliedert und erhalten ein bescheidenes staatliches Stipendium. Ein *kombiniertes* Ph.D.-Studienprogramm ist hauptsächlich für berufstätige Studenten (ohne Stipendium) gedacht. Nach dem Ende des geförderten Zeitraums setzen die Vollzeitstudenten in der Regel ihr Studium in einem kombinierten Studiengang fort.)

Fakultäten auf die „Jagd" nach Studenten gehen und die Ausbildung im Hinblick auf ihren Tauschwert und ihre Anwendbarkeit auf dem Arbeitsmarkt neu interpretieren mussten.

Als der „Boom" der Hochschulbildung seinen Höhepunkt erreicht hatte, war es an der Zeit, dass die Soziologen darüber nachdachten, was ihnen diese „glückliche Welle" gebracht hatte und ob sie vielleicht, um Lord Byron zu zitieren, „in ihrem Strom an ihnen vorbeigezogen" war. Diese Sorge wird noch ernster, wenn wir bedenken, wie wenige von den

„Wenigen" es waren, die den „Vielen" dienen sollten. Ein einfacher Blick auf das akademische Personal zeigt, dass am Institut für Soziologie in Brünn im Jahr 2008 drei Professoren, zwei außerordentliche Professoren (Dozenten) und sieben Assistenten für ein Kontingent von 626 Studenten zuständig waren (die Zahl ist seit dem Ende des Booms gestiegen: von 2, 9 und 13 im Jahr 2012 auf 3, 7 und 17 im Jahr 2014). Obwohl die soziologischen Institute an den tschechischen Universitäten während der Konjunktur ihre Lehrkapazitäten deutlich ausbauten, ihren langfristigen Forschungsschwerpunkt entwickelten, neue Forschungszentren einrichteten und in vielen Projekten aktiv wurden, gilt, dass all dies in Ermangelung einer gemeinsamen Vision über den Stellenwert der Disziplin gegenüber den laufenden Prozessen in den Bereichen Forschung und Bildung geschah. Die Institute ritten passiv auf der „glücklichen Welle" und folgten den Bewegungen des Stroms.

Der ständige Druck von Seiten der Politik und der Hochschulleitungen, den Studierenden neue Möglichkeiten zu eröffnen, führte zu einer Fülle von Studienkombinationen, die oft ohne zu zögern akkreditiert wurden, nur um die „Chance" nicht zu verpassen. Die Soziologie als traditionelles Fach profitierte lange Zeit von dem Interesse der „neuen" Sozialwissenschaften, gemeinsame Studiengänge zu bilden. Zunächst brauchten diese Fächer die Soziologie zu Akkreditierungszwecken. Nachdem sie jedoch eine stärkere institutionelle Position erlangt hatten, vor allem dank intensiver studentischer Nachfrage und größerer Arbeitsmarktrelevanz, schwand ihr Interesse. Anfangs wurden die Studiengänge fast ausnahmslos in Form von „Soziologie und ...." angeboten. Diese Gewohnheit ist nun mehr und mehr auf dem Rückzug, und Studiengänge wie „Medienwissenschaft und Soziologie" treten auf den Plan. Wie John Holmwood (2010) im britischen Kontext dargelegt hat, war der Aufstieg der neuen, hauptsächlich angewandten Sozialstudien wahrscheinlich unvermeidlich. Diese Studiengänge scheinen im offenen Wettbewerb um Studenten die Oberhand zu haben.

Zum Abschluss dieses Abschnitts können wir sagen, dass die universitäre Soziologie in der Tschechischen Republik derzeit in der Schwebe ist. Nach zwei Jahrzehnten massiven institutionellen „Wachstums" steht die Disziplin vor einer Phase des „Nicht-Wachstums". Es bleibt abzuwarten, wie sich diese ungünstigen Bedingungen auf ihre weitere Entwicklung auswirken werden. Vorläufig handelt es sich noch um eine Disziplin nach dem „Boom", nicht um eine Disziplin in der „Krise".

Unter der Aufsicht von Verwaltungsdatenbanken

Wie wir in Kap. 6 dargelegt haben, übten der Staat und seine Regulierungsbehörden in den 1990er-Jahren nur einen sehr geringen direkten politischen oder ideologischen Einfluss auf die Gestaltung der disziplinären Agenda der Soziologie aus. Seit dem Jahr 2000 sind neue Steuerungssysteme entstanden, die tiefgreifende Auswirkungen auf die interne Organisation der Disziplin haben. Um nicht an die ideologische Kontrolle und politische Manipulation der kommunistischen Ära zu erinnern, wurden diese neuen Instrumente der externen Regulierung als eine „entpolitisierte" und „entpersönlichte" (Arnold 2011) Form der Forschungspolitik dargestellt. Der nach dem Jahr 2000 eingeführte Regelungsrahmen, der sich auf die effektive Verwaltung öffentlicher Mittel konzentrierte, war im Wesentlichen eine tschechische Interpretation westlicher Wissenschaftspolitik, die sich auf ein sehr einfaches und scheinbar postideologisches Vokabular stützte, das vor allem aus westlichen Reformplänen (und aus verschiedenen internationalen Vergleichsstudien zur Forschungsproduktivität unter Verwendung von EU- und OECD-Indikatoren) übernommen wurde. Westliche institutionelle Modelle für die Organisation von Forschung und Hochschulbildung sowie Leitbegriffe wie „Exzellenz", „Anwendbarkeit", „Effizienz" und „Verbindungen zur Industrie" fanden in der Tschechischen Republik eine besondere Anhängerschaft und bildeten schließlich „das wohl radikalste leistungsbasierte Bewertungssystem in Europa" (Young 2014, S. 15).

Die erste nationale Forschungs- und Entwicklungspolitik, die im Jahr 2000 eingeführt wurde, erwies sich als ein echtes operatives Instrument zur Umgestaltung des tschechischen akademischen Umfelds. Ihre Hauptziele waren die Schaffung einer „Evaluierungskultur" und die Einführung objektiver Leistungsindikatoren im Bereich der Forschung in der Tschechischen Republik. Die akademische Autonomie und Selbstverwaltung sollten im Einklang mit dem damals weit verbreiteten Argument eingeschränkt werden, dass sie die Ursache für „Vetternwirtschaft, Korruption und Lobbyismus" seien (Good et al. 2015, S. 94). Als Folge des sich abzeichnenden F&E-Referenzrahmens wurden neue „leistungsbasierte" Regulierungsinstrumente eingeführt, insbesondere die Evaluierungsmethodik im Jahr 2004. Diese Methodik erwies sich als entscheidender Faktor für die Richtung, die die Forschung in der Tschechischen Republik in den kommenden Jahren einschlagen sollte, da sie mit einer besonderen Praxis der szientometrischen Berechnung des „Wertes" eines Forschungsprodukts verbunden war. Die Forschungseinrichtungen, einschließlich der Universitäten, haben alle ihre förderungswürdigen Forschungsergebnisse in ein zentrales F&E-Informationssystem (das Informationsregister für F&E-Ergebnisse, RIV) eingegeben. Jeder Forschungsoutput (hauptsächlich Veröffentlichungen, Patente, Prototypen, staatlich zertifizierte Verfahren) brachte der Einrichtung, die ihn registriert hatte, eine bestimmte Anzahl von „Punkten" ein, die durch die spezifische Kategorie des Forschungsoutputs bestimmt wurde. Die Ergebnisse wurden dann (und werden in vielen Fällen immer noch) als Grundlage für die jährliche Zuweisung von Finanzmitteln verwendet. Die Methodik begünstigte offenkundig die „harten Wissenschaften" und „wies Zeitschriften mit hohem Impact-Faktor und bestimmten Arten von Patenten (den Zeitschriften Nature, Science und PNAS sowie Patenten in den USA, Japan und Europa ...) unverhältnismäßig hohe Punktzahlen zu" (Linková 2014, S. 82).

Die Evaluierungsmethodik war in vielerlei Hinsicht der Inbegriff des gesamten Reformprozesses. Sie wurde als einfaches Heilmittel für komplexe Krankheiten konzipiert. Da sie jedes Jahr aktualisiert wird, hat sie eine weitere Quelle der Instabilität und Unberechenbarkeit in das System gebracht. Ausgehend von einem einfachen Schema mit nur drei Output-Kategorien wurde sie schließlich zu einer komplizierten und undurchdringlichen Ansammlung von fast jedem „Forschungsoutput", den man sich vorstellen kann (26 Kategorien im Jahr 2010). Allgemein ausgedrückt war die Idee hinter der Bewertungsmethodik „ein Versuch, die Ressourcenzuweisung durch den Einsatz von Arithmetik zu entpersonalisieren, weil viele der Meinung sind, dass man einzelnen Menschen nicht zutrauen kann, unparteiische und objektive Entscheidungen zu treffen" (Arnold 2011, S. 53).

Obwohl es als objektives und unparteiisches Instrument angekündigt wurde, beruhte die politische Legitimation des neuen Modells der Forschungsevaluierung weitgehend auf wirtschaftlichen Gründen, da es mit dem Konzept der kommenden „wissensbasierten" Wirtschaft übereinstimmte, in der „Wissen" allgemein als Ware und seine „Produktion" als Investition verstanden wurde.[5] Innerhalb weniger Jahre hat sich das tschechische Forschungsumfeld (fast) bis zur Unkenntlichkeit verändert. Im Gegensatz zur Situation Anfang der 2000er-Jahre, als die meisten Akademiker in der Tschechischen Republik die Veränderungen in der Wissenschaftspolitik offenbar nicht verfolgten, war niemand überrascht, dass die F&E-Reform von 2008 „die Rechenschaftspflicht in der Forschung von einem geschlossenen professionellen System, das durch akademische Peer-Reviews geregelt wird, in eine administrative Bewertung durch die

Regierung verwandelte" (Linková und Stöckelová 2012, S. 625). Was die F&E-Reform wirklich effektiv machte, war die Tatsache, dass das „Scoring"-System sofort ein neues Verständnis von wissenschaftlicher Produktivität mit sich brachte und, was noch wichtiger ist, die Art und Weise veränderte, wie Akademiker sich selbst sahen. In den Sozial- und Geisteswissenschaften wurde die Wissensproduktion fast ausschließlich mit der Produktion von Publikationen innerhalb der förderfähigen Kategorien gleichgesetzt.

Die Bewertungsmethodik hatte auch einen direkten Einfluss auf die (Selbst-)Definition bestimmter akademischer Disziplinen. Bei der Eingabe einer Veröffentlichung in das F&E-Informationssystem mussten der Autor und seine Einrichtung diese als Produkt einer bestimmten Disziplin (aus einer Liste von in Frage kommenden Disziplinen) kategorisieren. Diese Art der Bestimmung der disziplinären „Relevanz" führte zu einer neuen „kohärenten" Gemeinschaft von Soziologen. Einfach ausgedrückt: Was unter „Soziologie" registriert ist, ist ein Produkt der Soziologie in der Tschechischen Republik. Eine solche rein technische Definition der disziplinären Zugehörigkeit mag in einer Zeit, in der viele Stimmen aus den führenden Traditionen auf eine anhaltende „Identitätskrise" unter Soziologen (Crane und Small 1992; Holmwood 2014; Turner 2014) oder auf die Notwendigkeit einer „Neukonzeption der Wissensakkumulation in der Soziologie" (Abbott 2006) hinweisen, als äußerst unzureichend erscheinen. Darüber hinaus hat das neue Punktesystem das Unbehagen der tschechischen Soziologen noch verstärkt, da es zeigt, dass ihre „Produktivität" und „Effizienz" im Vergleich zu anderen Disziplinen unbefriedigend ist. Die Soziologie ist (anders als die Philosophie, die Rechtswissenschaft, die Politikwissenschaft oder die Anthropologie) unter ein Bewertungsregime gefallen, das dem der Natur- und Technikwissenschaften sehr ähnlich ist.

Was war nun das Ergebnis der Konfrontation der tschechischen Soziologie mit dem neuen Regulierungssystem? Eine offensichtliche Folge war, dass die Forschung – oder genauer gesagt, die Produktion von Publikationen – in die Hochschullandschaft eindrang und pädagogische Fragen von der plötzlichen Sorge um die Schaffung eines Forschungsumfelds an den Universitäten überschattet wurden. Obwohl das Gebot der „forschungsgeleiteten" Lehre in der Soziologie bisher nur sporadische Ergebnisse gezeitigt hat, wurde durch das Evaluierungssystem die Vorstellung von „Forschung" als streng projekt- und problemorientiertes Unterfangen durchgesetzt. Im Einklang mit dem allgemeinen Anstieg der Publikationsproduktivität (gemessen an den verfügbaren Metriken), die an den Uni-

Abb. 7.3 Anzahl der Forschungsergebnisse (Bücher, Buchkapitel, Zeitschriftenartikel), Soziologie und Demografie, 1993–2015. (*Quelle:* Informationsregister der Tschechischen Republik für F&E-Leistungen (RIV))

versitäten des Landes 2009 um 65 %, 2010 um 30 % und 2011 um 12 % zunahm (Fiala 2013), haben die Soziologen in der Tschechischen Republik ihre Publikationstätigkeit verstärkt. Wie aus Abb. 7.3 hervorgeht, standen sie dem Wandel nicht im Wege und reagierten prompt auf die neuen Anforderungen.[6]

Die Entwicklung der Publikationsproduktivität in der tschechischen Soziologie deckt sich weitgehend mit den Auswirkungen politischer Veränderungen im F&E-Bereich. Der erste signifikante Anstieg um 1999 entspricht der Einführung der sogenannten Forschungsabsichten im Jahr 1998, die als „vorausschauende Pläne, die erklären, wie Forschungsorganisationen die institutionelle Forschungsfinanzierung nutzen wollen, um bestimmte institutionelle Ziele zu erreichen" (Good et al. 2015, S. 93), konzipiert waren. Im Wesentlichen stellten diese Pläne den ersten staatlich organisierten Versuch einer „strategischen Planung" dar und galten lange Zeit als Vorreiter für die Praxis der institutionellen Förderung. Ein weiterer starker Anstieg, der etwa 2005 einsetzte, fällt mit der Einführung der Evaluierungsmethodik 2004 zusammen. Eine mögliche, optimistische

Interpretation des jüngsten rückläufigen Trends, der nach 2013 einsetzte, besteht darin, dass er ein Zeichen für die Umstellung von „Quantität auf Qualität" ist und mit der zunehmenden Tendenz einhergeht, in höherrangigen Zeitschriften und bei renommierten Verlagen zu veröffentlichen.

Indem die F&E-Reform den Status quo auf den Kopf stellte, hatte sie den großen Vorteil, den stagnierenden Forschungsbereich wieder in Schwung zu bringen. Andererseits stellte sie einen harten, von außen aufgezwungenen Eingriff in das System dar, das gerade einmal ein Jahrzehnt relativer Autonomie genossen hatte. Die Reform führte zu zahlreichen pathologischen Erscheinungen, vor allem zu Spielereien im System, zur Massenproduktion minderwertiger Publikationen und zur Anwendung von Produktivitätsmaßnahmen als Zwangsmittel gegenüber dem wissenschaftlichen Personal. Mit der Einführung von Sparmaßnahmen im Jahr 2008 wurde der „offene Wettbewerb" oft zum „Überleben des Stärkeren".

Die administrativen Datenbanken, die im Rahmen des neuen Systems der Forschungsevaluierung eingeführt wurden, schufen ein unerwartetes externes Publikum für die Produkte der Soziologie und hatten erhebliche Auswirkungen auf die interne Organisation der Disziplin, die sich gründlich an das mit ihnen verbundene politische Regime anpasste. Die bloße Existenz der Datenbanken wirkte sich jedoch insofern nachteilig aus, als sie die Aufmerksamkeit der Soziologen von den wichtigen Fragen der wissenschaftlichen, pädagogischen und öffentlichen Relevanz ihres Fachs ablenkte. Die Vorstellung, dass die Soziologie mit der Menge des von ihr produzierten „Outputs" steht und fällt, ist natürlich einseitig und auf Dauer nicht tragfähig, da sie von jeder Überlegung über den Zweck der Disziplin losgelöst ist. In vielerlei Hinsicht beendete das Leben im Schatten der stillen Datenbanken abrupt die trügerischen und oft naiven Projektionen der Soziologen der 1990er-Jahre, die gehofft hatten, dass ihre Disziplin Kontinuität, Autonomie und langsames, aber nachhaltiges Wachstum genießen würde.

Internationalisiert, endlich?

Obwohl der Imperativ der „Internationalisierung" unter dem kommunistischen Regime eine eher negative Bedeutung hatte (angesichts seiner Assoziation mit verschiedenen Slogans der Arbeiterbewegung), fand er nach 1989 ganz selbstverständlich Eingang in das Vokabular. Symbolisch wurde er mit dem Bild der Beseitigung des Stacheldrahts an der geografischen Grenze zum Westen verbunden, die zuvor von bewaffneten Soldaten bewacht wurde und nur unter Lebensgefahr überschritten werden konnte.

In der akademischen Sphäre nahm die „Internationalisierung" gleich nach der „Wachablösung" einen herausragenden Platz ein. Seitdem ist sie zu einem der hartnäckigsten Mantras in Forschung und Bildungspolitik geworden. Nach einer anfänglichen, meist intuitiven, spontanen und enthusiastischen Absorption des „Lernens vom Westen" und der Nachahmung der westlichen akademischen Kultur – so könnte man die Situation in den 1990er-Jahren charakterisieren – drang die „Internationalisierung" in die akademische Welt ein, und zwar in Form von bürokratischen Vorschriften und Indikatoren, die systematisch darauf abzielen, die tschechischen Hochschulen in das europäische Forschungs- und Bildungsumfeld zu integrieren. Da die wichtigsten europäischen politischen Dokumente in diesem Bereich, wie die Bologna-Erklärung und die Lissabon-Strategie, keine spezifischen Leitlinien für die Länder enthielten, die jahrzehntelang von den komplexen Integrationsprozessen im Westen ausgeschlossen waren, stand der Wille, sich den neuen Anforderungen anzupassen, oft in krassem Gegensatz zu der Fähigkeit, die Erwartungen zu erfüllen.

Erst in den 2000er-Jahren erhielt die „Internationalisierung", die nun zum Schlachtruf der Regierungen wurde, die entschlossen waren, die Bereiche Forschung und Bildung im Einklang mit der modischen Vision eines „Europas des Wissens" zu konsolidieren, ihren heutigen Top-down-Charakter und begann, in die Autonomie der tschechischen akademischen Einrichtungen einzugreifen. Die Wechselfälle der staatlichen Aneignung dieser Agenda erreichten ihren Höhepunkt im Reformplan von 2008, der vom Regierungsrat für Forschung und Entwicklung – damals unter der Leitung des Mitte-Rechts-Premierministers Mirek Topolánek – ausgearbeitet wurde und das Motto trug: „Wir werden nur das tun, worin wir die Nummer eins oder die Nummer zwei in der Welt sind" (Rat für Forschung und Entwicklung 2007, S. 6), womit er unbewusst die Pläne von Jack Welch zur Reorganisation von General Electric wiederholte. Auch wenn sich die Vogelscheuche später ein schickeres Gewand zulegte, nehmen die ökonomische Sichtweise und der Refrain von der nationalen Wettbewerbsfähigkeit weiterhin eine zentrale Stellung ein:

> Neben den traditionellen Merkmalen wie Unabhängigkeit, Rationalität und Objektivität rücken heutzutage aufgrund der Veränderungen in der Wissenschaftspolitik auch andere Werte in den Vordergrund, wie Nutzbarkeit, Exzellenz, Interdisziplinarität, internationale Zusammenarbeit und Mobilität. Diese neuen Werte tragen zur Verbesserung der Wettbewerbsfähigkeit unseres Landes bei, die auch eine der wichtigsten Prioritäten der Regierung ist. (Rat für Forschung und Entwicklung 2011, S. 4)

Die endlose Abfolge von Reformplänen,[7] die in der Regel (jedes Jahr) als „endgültig" verkündet wurden, um dann immer wieder abgeändert, zurückgerufen und durch neuere ersetzt zu werden, trug wenig dazu bei, die Instabilität des tschechischen akademischen Umfelds zu verringern. Das Mantra der nationalen Wettbewerbsfähigkeit hatte natürlich zur Folge, dass sich die Spannungen zwischen den Universitäten und der Akademie der Wissenschaften, zwischen den traditionellen und den neu gegründeten regionalen Universitäten sowie zwischen den einzelnen Fakultäten und Instituten verschärften.

Ob in Form von administrativen Rubriken oder messbaren Indikatoren, die „Internationalisierung" hat tiefgreifende Auswirkungen auf die Mobilität von Studierenden und Akademikern, auf Beförderungskriterien, die Forschungsproduktion, Publikationsstrategien, Stellenbesetzungen und ganz allgemein auf die Herausbildung einer akademischen Kultur. In nur wenigen Jahren haben sich die Dinge dramatisch verändert. Es besteht eine große Kluft zwischen dem, was, sagen wir, 2005, und dem, was 2010 oder 2015 möglich war. Noch Mitte der 2000er-Jahre konnte man „selbst die höchsten Ränge der akademischen Hierarchie erreichen, ohne im Ausland zu veröffentlichen: Zum Zeitpunkt der Beförderung hatten 85 % der Professoren und 89 % der außerordentlichen Professoren der Wirtschaftswissenschaften keinen einzigen im Ausland veröffentlichten Artikel in einer Zeitschrift vorzuweisen" (Melichar und Pabian 2007, S. 48; Macháček und Kolcunová 2005). Auch andere negative Merkmale des tschechischen akademischen Lebens wie Inzucht, Mehrfachberufungen zu Akkreditierungszwecken oder die Vorauswahl von Bewerbern (Tollingerová und Šebková 1995; Tucker 2000; Stöckelová et al. 2009) sind seit Ende der 2000er-Jahre dank neuer Verwaltungsvorschriften, die den offenen Wettbewerb und westliche akademische Gepflogenheiten begünstigen, zurückgegangen.

Wie in Kap. 6 dargestellt, waren die 1990er-Jahre eine Zeit der intellektuellen „Rezeption". Endlich konnten die Soziologen in der Tschechischen Republik westliche Ideen, Theorien und Methoden kennenlernen. In den 2000er-Jahren, mit der Einführung des neuen Verwaltungsregimes, seiner Zentralregister und anderer Regulierungsinstrumente, wurden sie mit institutionellen Arrangements westlicher Prägung und dem damit verbundenen neuen Druck konfrontiert. Wie haben sich nun die Soziologen in der Tschechischen Republik (eine Gruppe, die im Grunde immer noch mit den „tschechischen Soziologen" identisch ist) unter den neuen institutionellen Bedingungen verhalten? Den Daten des Web of Science (WoS) zufolge veröffentlichten tschechische Soziologen, die damals einem der 17 soziologischen Fachbereiche und Forschungsinstitute des Landes angehörten, zwischen 1998 und 2007 200 Artikel (von 108 Autoren) in WoS-indizierten Zeitschriften aus der Kategorie „eng fokussierte Soziologiezeitschriften", von denen insgesamt 170 in der *Sociologický časopis/ Czech Sociological Review* veröffentlicht wurden (Basl et al. 2009, S. 8). Die weitgehende Abwesenheit tschechischer Soziologen vom internationalen wissenschaftlichen Austausch war charakteristisch für die Publikationspraxis vor der Einführung des Forschungsreformplans der Regierung. Eine neuere Studie, in die auch die Daten des nationalen Informationsregisters für F&E-Leistungen eingeflossen sind, gibt einen Überblick über den Zeitraum 2008–2012 (Jurajda und Münich 2015). Die Studie verweist auf einen deutlichen Anstieg der Zahl der Artikel veröffentlichten in WoS-indizierten soziologischen Zeitschriften (174) sowie auf einen anhaltenden Trend zur Veröffentlichung in Zeitschriften mit niedrigerem Rang – nur 15 Artikel fielen in die Kategorie der internationalen Zeitschriften mit hohem Impact-Faktor. Die zweisprachige Zeitschrift *Sociologický časopis/Czech Sociological Review* ist nach wie vor die häufigste einzelne Publikationsplattform für tschechische Soziologen. Trotz der Existenz einer englischen Ausgabe bleibt das Publikum der Zeitschrift überwiegend inländisch. Weniger als ein Drittel (29 %) der Artikel, die diese Zeitschrift im WoS 2006–2013 zitierten, stammten aus nicht-tschechischen (oder nicht-slowakischen) Zeitschriften, aber fast die Hälfte dieser Artikel wurde von tschechischen oder slowakischen Autoren verfasst (Skovajsa 2014, S. 692).

Die Internationalisierung der Soziologie in der Tschechischen Republik oder zumindest ihre zunehmende Sichtbarkeit auf der internationalen Bühne lässt sich auch anhand anderer Indikatoren wie der Mobilität der Studierenden und des wissenschaftlichen Personals, der Mitgliedschaft in internationalen Vereinigungen oder der Anzahl der Studiengänge und Kurse, die in englischer Sprache angeboten werden, nachvollziehen. Nur eine (steigende) Zahl unter vielen: In den 1990er-Jahren erhielt nur ein tschechischer Soziologiestudent das Fulbright-Stipendium für einen Forschungs- oder Studienaufenthalt in den Vereinigten Staaten, während die Fulbright-Kommission in Prag im Zeitraum von 2000 bis 2016 24 (von 590) Studenten- oder Forschungsstipendien an Soziologen vergeben hat.[8] Ein ähnlicher Trend gilt für die Marie-Curie-Stipendien und andere Formen der internationalen Mobilität.

Auch die Präsenz tschechischer Soziologen in der International Sociological Association (ISA) und vor allem in der European Sociological Association (ESA), deren Präsident in den Jahren 1998–2001 der ehemalige Direktor des Prager Campus der Central European University, Jiří Musil, war, nimmt zu. Im Jahr 2015 war das Institut für Soziologie der Tschechischen Akademie der Wissenschaften Gastgeber der zwölften Konferenz der ESA in Prag, an der Dutzende von Teilnehmern aus der Tschechischen Republik teilnahmen. Zwei tschechische Soziologen, Tomáš Kostelecký und Csaba Szaló, sind derzeit Mitglieder des Exekutivausschusses der ESA.

Die langsame, aber stetige Durchdringung der internationalen Strukturen des Fachs durch tschechische Soziologen steht im Gegensatz zu der weitgehenden Abwesenheit nichttschechischer Soziologen (abgesehen von einigen positiven Ausnahmen) in den soziologischen Einrichtungen des Landes. Das wahrscheinlich größte Hindernis für eine stärkere internationale Ausrichtung der tschechischen soziologischen Institute ist das derzeitige Gehaltsniveau. Die tschechischen Löhne sind im EU-Vergleich generell niedrig (durchschnittlicher Nettolohn unter 800 € gegenüber dem EU-28-Durchschnitt von 1500 € im Jahr 2015), und dieses Missverhältnis spiegelt sich auch in den akademischen Gehältern wider. Die Gehälter für junge Berufsanfänger im akademischen Bereich liegen in der Regel bei etwa 600 €/Monat (Vollzeit, netto), aber auch für Professoren sind sie niedrig und beginnen bei nur 950 €/Monat (netto). Die Gehälter von Forschern werden derzeit von der tschechischen Wissenschaftsstiftung (GA ČR) auf 900 €/Monat (netto) festgelegt. Bei derart niedrigen Gehältern könnten tschechische akademische Stellen für westliche Postdocs, die zu Hause von Arbeitslosigkeit bedroht sind, eine gewisse Anziehungskraft haben, aber etablierte Akademiker betrachten Angebote tschechischer Einrichtungen in der Regel als einen schlechten Scherz. Der Zustrom von EU-Strukturfonds nach 2004 hat die Gehälter überall angehoben, außer in Prag (das als wohlhabende Region für die meisten EU-Fonds nicht in Frage kommt), aber diese Finanzierungsquelle ist nur vorübergehend, mit einem hohen bürokratischen Aufwand verbunden und wurde oft auf chaotische Weise genutzt. Ein weiterer Faktor, der ausländische Akademiker davon abhält, an tschechische Einrichtungen zu gehen, ist die Tatsache, dass die Tschechische Republik die höchsten akademischen Grade (Dozent, Professor) aus dem Ausland nicht anerkennt.

Zusammenfassend lässt sich sagen, dass eine offensichtliche Folge der Konfrontation der tschechischen Hochschulen mit den wichtigsten Mantras der neuen Forschungspolitik (wie „Wissenschaft von Weltrang", „forschungsgeleitete Lehre", „internationale Expertise" oder „öffentlich relevantes Wissen") die Aneignung westlicher institutioneller Modelle war. Es war nicht der „intellektuelle" Import westlicher Ideen, der in den letzten 25 Jahren grundlegend war. Vielmehr war es der Import institutioneller Modelle und Praktiken, die sich für die Soziologie in der Tschechischen Republik in ihrer jüngsten Entwicklungsphase als entscheidend erwiesen. Mit der Übernahme dieser Modelle wurde die tschechische Soziologie schließlich „internationalisiert", begann sich an den Standards des europäischen Forschungs- und Bildungsumfelds zu messen und löste sich von den ursprünglichen Bestrebungen und Anliegen ihres „Wiedererwachens" in den 1990er-Jahren. Eine solche von außen aufgezwungene Transformation hat natürlich auch eine Kehrseite. Während originelle Forschung nur allzu leicht als die Produktion von Publikationen innerhalb der entsprechenden administrativen Rubriken definiert werden konnte, blieb das Streben der Disziplin nach intellektueller Zielsetzung und öffentlicher Relevanz unerfüllt. Nicht weniger gravierend ist, dass die Anpassung der tschechischen Soziologie an die neuen internationalen Wissensregime die traditionellen Schwächen der Disziplin sowohl zu verstärken als auch zu fördern scheint, nämlich Anti-Intellektualismus, Abneigung gegen Theorie, deskriptive Orientierung,[9] Eklektizismus und die Betonung einer engen praktischen Anwendung (Musil 2002; Petrusek 2011).

Nichtsdestotrotz hatte die neue Regulierungspraxis viele positive Auswirkungen auf die Konsolidierung der Soziologie in der Tschechischen Republik, z. B. im Hinblick auf die Vereinheitlichung von Beförderungskriterien, Schreibstilen, Finanzierungsvereinbarungen oder die Aufrechterhaltung der disziplinären Grenzen. Eine optimistische Interpretation der bizarren Vorstellung, dass Publikationen zu finanziellen Einnahmen führen, könnte darin bestehen, dass sie eine Situation geschaffen hat, in der das Publizieren in der Soziologie und in anderen Sozialwissenschaften endlich den Respekt erhält, den es verdient. Durch die vehemente Bevorzugung internationaler Veröffentlichungen, d. h. von Artikeln und anderen Publikationen, die für die englischsprachige westliche akademische Sphäre bestimmt sind, hat dieses System ein neues Publikum – mit seiner gut etablierten Veröffentlichungskultur – ins Spiel gebracht. Und, was für die Sozialwissenschaften in der Tschechischen Republik vielleicht am wichtigsten ist, es hat verbindliche Leistungskriterien in Disziplinen eingeführt, die seit mehreren Jahrzehnten daran gewöhnt waren, auf der Basis von Versprechungen zu arbeiten.

Pluralistisch und fragmentiert

Wenn es einen Begriff gibt, der die jüngste Geschichte der tschechischen Soziologie am besten widerspiegelt, dann ist es wahrscheinlich der „Pluralismus". Die tschechischen Soziologen haben diesen Begriff gleich nach 1989 übernommen, zum Teil aufgrund ihrer noch vorhandenen Erinnerung an die „dominante", „offizielle" oder „einheitliche" Soziologie, zum Teil aufgrund ihrer Unsicherheit über die grundlegenden Mittel und Ziele der Soziologie. Das Verständnis der soziologischen Forschung als das uneingeschränkte Studium von Dingen, die einen interessieren, ist vor allem im universitären Bereich weit verbreitet und macht dort einen wesentlichen Teil der Attraktivität des Fachs für Studierende aus. In den 1990er-Jahren wurde die fortschreitende Einbeziehung neuer Konzepte, Methoden, Ansätze, Teildisziplinen, Studiengänge, Lehrveranstaltungen usw. als positives Zeichen für die Buntheit des Fachs angesehen. Mit der Einführung der Forschungs- und Hochschulreformen nach 2000 nahm der Pluralismus der tschechischen Soziologie weiter zu. Die Reformen hatten durch ihre allgemeingültigen Kriterien einen tiefgreifenden Einfluss auf die disziplinären Agenden. Mit ihrer Betonung der individuellen „Forschungs"-Produktivität und der Vielfalt der Ausbildungsmöglichkeiten förderten sie sowohl die Zersplitterung der Forschungsinteressen als auch die Vervielfältigung der Studiengänge. In der Tschechischen Republik gibt es kein soziologisches Institut, das ein integriertes disziplinäres Profil aufweisen könnte. Insgesamt weist die Situation viele Ähnlichkeiten mit den 1990er-Jahren auf. Diese jüngste „Zersplitterung" ist jedoch nicht nur auf die intellektuelle und soziale Organisation des Fachs zurückzuführen, sondern zunehmend auch auf die Verlagerung hin zu stärker verwaltungsorientierten und bürokratischen Formen der akademischen Leitung.

Sowohl die großen traditionellen als auch die jungen, in den regionalen Zentren angesiedelten Universitäten haben hart daran gearbeitet, ihr eigenes Forschungsprofil zu entwickeln. Neben den seit langem bestehenden Schwerpunkten (siehe Kap. 6) haben sich die traditionellen Fakultäten in jüngster Zeit für ganz unterschiedliche neue Forschungsschwerpunkte interessiert: „Politische Bewegungen", „Medizinische Soziologie" und „Kollektives Gedächtnis" (Prager Fakultät für Sozialwissenschaften); die praxisorientierten Bereiche „Sozioökonomische Evaluation" und „Datenanalyse" (Prager Philosophische Fakultät); „Kultursoziologie", „Soziale Ungleichheit" und „Migration" (Brünner Fakultät für Sozialstudien); „Altern", „Lebensstile", „Soziale Ausgrenzung" und „Bildung" (Philosophische Fakultät in Olomouc). In der Regel ist die Kontinuität der Forschungs- oder Bildungsaktivitäten eher ein Beweis für langfristige individuelle Interessen einzelner Soziologen als für institutionell orchestrierte Kooperationsbemühungen. Die in jüngerer Zeit gegründeten Universitätsfakultäten hatten viel weniger Zeit, ein spezifisches Forschungsprofil zu entwickeln, aber sie haben dennoch ihre eigenen Spezialgebiete entwickelt: „Religionssoziologie" oder „Geschlecht, Familie und Gesundheit" (Pilsen), „Regionalentwicklung" (Hradec Králové) und „Zivilgesellschaft" (Ostrava).

Das Studienangebot an den soziologischen Instituten in der Tschechischen Republik ist in der Regel sehr umfangreich und umfasst eine Vielzahl von disziplinären Ansätzen und verschiedenen interdisziplinären Kombinationen. Im Großen und Ganzen hat die Disziplin eine Identität angenommen, die ihren allumfassenden Charakter betont. Die Rolle der Soziologie besteht darin, die Bedürfnisse aller Beteiligten zu befriedigen und eine multidisziplinäre Ausbildung sowie spezialisierte Kenntnisse zu vermitteln. Dieses „Allrounder"-Konzept der Disziplin spiegelt sich auch in den thematischen Schwerpunkten der obersten nationalen Forschungseinrichtung, dem Institut für Soziologie der Akademie der Wissenschaften, wider. Das Institut, in dem derzeit rund 100 Forscher auf Vollzeit- oder Teilzeitbasis beschäftigt sind, betreibt Forschung in fast 50 Bereichen.[10] Obwohl die meisten Forscher in eher traditionellen Bereichen wie „Wirtschaftssoziologie", „Politische Soziologie" oder „Öffentliche Meinung" arbeiten, übersteigt die Vorherrschaft der projektbezogenen Finanzierung alle disziplinären Grenzen. So ist beispielsweise ein Historiker der tschechischen Soziologie und des religiösen Lebens der Abteilung für Wirtschaftssoziologie angegliedert, oder ein Nachwuchswissenschaftler, der sich auf philosophische Hermeneutik spezialisiert hat, arbeitet im Forschungszentrum für öffentliche Meinung des Instituts an so unterschiedlichen Projekten wie „die Anwendung der philosophischen Hermeneutik auf die soziologische Theorie der Intersubjektivität" und „die sozialen Aspekte der Kernenergie".

Im Gegensatz zu der Situation in den 1990er- und 2000er-Jahren, als die Schlüsselpositionen des Fachs von Soziologen im Alter von 50 bis 70 Jahren besetzt waren, gehörten in der neueren Zeit die meisten Führungskräfte des Fachs der Generation der über 40-Jährigen an, die in den 1960er- oder 1970er-Jahren geboren wurden. Die zentralen Figuren der Erneuerung nach 1989 (vor allem Pavel Machonin, Ivo Možný, Jiří Musil, Miloslav Petrusek) sind verstorben, und viele andere Protagonisten der

„Transformationsphase" sind entweder in den Ruhestand getreten oder haben den Beruf verlassen. Es wäre jedoch falsch zu behaupten, dass die Soziologie in der Tschechischen Republik nach so vielen Jahrzehnten der Generationeninstabilität eine normale Wachablösung erlebt hat. Die Abwesenheit der mittleren Generation in wichtigen Positionen in den 1990er-Jahren, die aus dem verzerrten Mechanismus der akademischen Reproduktion unter der Normalisierung und dem wirtschaftlichen Druck der Transformationsperiode resultierte, führte natürlich zu ihrer Abwesenheit in der akademischen Führungsriege im letzten Jahrzehnt. In den späten 2000er-Jahren wurden die führenden disziplinären Positionen innerhalb weniger Jahre von der Geburtskohorte 1965–1975 übernommen, oft aus dem einfachen Grund, dass die vielen neu frei gewordenen institutionellen Positionen von jemandem besetzt werden mussten. Mit der raschen Expansion des Hochschulwesens und der Umsetzung der F&E-Reform waren diese neuen institutionellen Führungskräfte einer wachsenden administrativen Belastung ausgesetzt. Der Abschluss einer Habilitation oder manchmal sogar nur eines Doktortitels wurde oft mit einer starken Beteiligung an der Leitung von Instituten oder Fakultäten, der Mitgliedschaft in Kommissionen, dem Vorsitz von Ausschüssen, Evaluierungsverfahren, Akkreditierungsprozessen oder der Überwachung und Verwaltung von Studienprogrammen belohnt.

Wie aus den Daten der nationalen Datenbank der Professoren und Dozenten (außerordentliche Professoren) hervorgeht,[11] sind derzeit 10 Professoren und 27 Dozenten der Soziologie im tschechischen Hochschulsystem tätig. Davon wurden acht Professoren und 20 Dozenten nach 2000 ernannt. In Anbetracht der Erweiterung des Systems hat ihr Engagement vor allem die Form von Aktivitäten angenommen, die mehr mit der institutionellen Entwicklung und der Aufrechterhaltung des Faches als mit intellektuellen Führungsaufgaben zu tun haben. Mit der bemerkenswerten Ausnahme von Jan Keller, Professor für Soziologie an den Universitäten in Brünn und Ostrava (und seit 2014 Mitglied des Europäischen Parlaments für die tschechische sozialdemokratische Partei), drehte sich das politische oder öffentliche Engagement der Soziologen in der Tschechischen Republik nach dem Jahr 2000 eher um bestimmte Visionen für die Entwicklung von Forschung und Bildung als um allgemeinere politische Fragen. Petr Matějů, einer der wichtigsten Protagonisten der „Transformations"-Debatte der 1990er-Jahre (siehe Kap. 6), war einer der Architekten der Hochschulreform, die von der Mitte-Rechts-Regierung in den späten 2000er-Jahren ohne Erfolg vorangetrieben wurde. Im Jahr 2008 wurde er Präsident der wichtigsten nationalen Fördereinrichtung für Grundlagenforschung, der Tschechischen Wissenschaftsstiftung, und leitete deren umfassende Umstrukturierung im Einklang mit der F&E-Reform ein. Mehrere tschechische Soziologen mit entgegengesetzter ideologischer Ausrichtung vertraten den anderen Standpunkt und beteiligten sich an der Anti-Reform-Bewegung mit dem Namen „Wissenschaft lebt". Die Kampagne erreichte ihren Höhepunkt im August 2009, als sich etwa 1000 Menschen zu einer Demonstration zur Unterstützung der „Wissenschaft" versammelten – wohl die größte, die es je in den tschechischen Ländern gab (siehe Linková 2014, S. 83). Dies war auch eine der seltenen Gelegenheiten, bei denen sich Soziologen in der Tschechischen Republik in die öffentliche Debatte einschalteten, um die laufenden Prozesse zu hinterfragen und nicht nur zu kommentieren.

Im Allgemeinen scheint es jedoch in der heutigen Soziologie in der Tschechischen Republik nur wenige, wenn überhaupt, offene ideologische Konflikte zu geben. Der Generationswechsel verlief reibungslos, was wiederum mit dem Verweis auf die „fehlende Generation" erklärt werden könnte. Da es keinen disziplinären Konsens gibt, hat es keinen Sinn, den Status quo in Frage zu stellen. Unter dem gegenwärtigen Wissensregime hat die institutionelle „Position" der Soziologie offensichtlich Vorrang vor ihrer disziplinären oder intellektuellen „Identität". Aus institutioneller Sicht hat das Fach in den letzten 15 Jahren erheblich an Größe gewonnen. Es wird international sichtbar und ist zunehmend nach internationalen (westlichen) Standards organisiert, aber die „Kluft" zum Westen besteht weiterhin. Ironischerweise ist es also eher die intellektuelle Ebene, auf der sich der Zustand der Soziologie in der Tschechischen Republik dem Auf und Ab der Soziologie in den westlichen Ländern anzunähern scheint. Sowohl als Forschungsdisziplin als auch als Ausbildungsprogramm ist sie dezentralisiert, stark pluralisiert, individualisiert, fragmentiert und wehrt sich gegen verschiedene Formen der Marginalisierung. In dieser Hinsicht ist sie unbestreitbar wieder mit dem Westen verbunden.

Schlussfolgerung

Die jüngste Geschichte der Soziologie in der Tschechischen Republik ist in vielerlei Hinsicht ein Beispiel für die Misere kleiner nationaler Traditionen. Michael Burawoy mag mit seiner Forderung nach einer „Provinzialisierung der Sozialwissenschaften" (Burawoy 2005) oder der Ablehnung der „hegemonialen Strategie der Herrschenden" (Burawoy 2016, S. 951) Recht haben, aber solche Forderungen beziehen sich eher auf den „intellektuellen" Imperialismus als auf den Import und die administrative Übergriffigkeit westlicher institutioneller Modelle. Der gegenwärtige Zustand der tschechischen Soziologie zeigt, dass die Abhängigkeit von externen Autoritäten und die damit einhergehenden Unwägbarkeiten wechselnder Verwaltungsregime zu einem Mangel an interner disziplinärer Integrität führt (oder diesen verschlimmert). Die intellektuellen Bedenken hinsichtlich des Zwecks der Disziplin werden insofern zurückgedrängt, als es in erster Linie die institutionellen Eingriffe sind, die das Umfeld, in dem sich die Soziologie befindet, strukturiert haben.

Wie wir in diesem Kapitel angedeutet haben, befindet sich die Soziologie in der Tschechischen Republik heute in einem Umfeld, das dazu neigt, wissenschaftliche Disziplinen als Produzenten von Wissen zu verstehen. Trotz jüngster Versuche, die epistemischen Aktivitäten innerhalb der Sozialwissenschaften nicht nur in Bezug auf die Prozesse der „Wissensproduktion, -anwendung und -bewertung" zu untersuchen, sondern auch in Übereinstimmung mit ihren eigenen historisch geformten Ansätzen (Camic et al. 2011), herrscht das naturwissenschaftliche Modell immer noch vor und hat einen allgegenwärtigen Einfluss auf die Art und Weise, wie „Wissensproduktion" heute konstruiert wird. Die Herausforderung – vermutlich nicht nur für die tschechische Soziologie, sondern auch für andere nationale Traditionen – besteht darin, für all jene Prozesse sensibel zu sein, die die zentralen Erbgüter der Disziplin untergraben, die heute als veraltet und untauglich gelten: Kritik, Reflexivität, Kreativität, Solidarität und Zusammenhalt. Nicht lange nachdem der Kampf um die Durchsetzung einer „einheitlichen" Wissenschaft abgeflaut war, tauchte das Bild der einzig relevanten Wissenschaft wieder auf, diesmal als „Weltklasse"-Wissenschaft. Wenn Wissen schon nicht universell sein kann, so kann es doch zumindest „bahnbrechend" sein.

Natürlich wäre es noch zu früh, um abzuschätzen, welche Auswirkungen dieses Verständnis von Forschung im Sinne von „Wissensproduktion, -anwendung und -bewertung" auf den noch recht unklaren Zustand der Soziologie in der Tschechischen Republik haben wird. In jedem Fall ist es wahrscheinlich, dass das Schicksal der Soziologie eher davon abhängt, was von einem externen Publikum als relevant angesehen wird, als von den Soziologen selbst.

Notes

1. Alle folgenden Studentenzahlen sind den statistischen Aufzeichnungen des tschechischen Ministeriums für Bildung, Jugend und Sport entnommen: http://www.msmt.cz/vzdelavani/skolstvi-v-cr/statistika-skolstvi/terciarni-vzdelavani (Zugriff am 13. Dezember 2016).
2. Mit diesem Gesetz wurden auch die neuen Standardstudiengänge (Bachelor, Master und Doktorat) eingeführt.
3. Das Bild des Studentenwachstums wäre nicht vollständig, wenn nicht erwähnt würde, dass neben den Fakultäten in Prag, Brünn und Olomouc in den 2000er-Jahren neue Soziologieprogramme und -institute an den Universitäten in den regionalen Städten Plzeň, Hradec Králové und Ostrava eingerichtet wurden.
4. Alle Daten sind den Jahresberichten der Fakultät für Sozialwissenschaften (Prag) und der Fakultät für Sozialstudien (Brünn) entnommen.
5. Die F&E-Reform wurde 2008 von der Regierung unter dem Motto „Wissenschaft macht aus Geld Wissen, Innovation macht aus Wissen Geld" beschlossen (Rat für Forschung und Entwicklung 2008).
6. Was die wichtigsten förderfähigen Ergebnisse (Zeitschriftenartikel, Monografien und Kapitel in einer Monografie) betrifft, so verzeichneten die Soziologen in der Tschechischen Republik (zusammen mit der viel kleineren Gemeinschaft der Demografen, die dieselbe Kategorie mit den Soziologen teilen) im Zeitraum 2008–2015 insgesamt 2129 Artikel (im Vergleich zu 1767 in den Jahren 1998–2007), 446 Monografien (525 in den Jahren 1998–2007) und 2269 Kapitel (1932 in den Jahren 1998–2007) im zentralen Register der Forschungsergebnisse (RIV). Siehe https://www.rvvi.cz/riv.
7. Einige der Reformpläne riefen in der Öffentlichkeit heftige Reaktionen hervor, wenn sie Vorschläge enthielten, die als fremd gegenüber den tschechischen Traditionen angesehen wurden, wie etwa der Versuch, 2010 Studiengebühren an öffentlichen Universitäten einzuführen.
8. Die Daten wurden vom Prager Büro der Fulbright-Kommission zur Verfügung gestellt.
9. Einige Beobachter haben eine charakteristische „faktografische" Neigung zur Anhäufung und Darstellung von Fakten als „Stücke objektiver Informationen, ohne sich auf eine explizite Interpretation dieser Fakten einzulassen" (Bryant 2000, S. 40), festgestellt.
10. Siehe http://www.soc.cas.cz/en (Zugriff am 20. Oktober 2016).
11. REDOP, siehe https://www.redop.cz (Zugriff am 13. Dezember 2016).

Literatur

Abbott, Andrew. 2006. Reconceptualizing knowledge accumulation in sociology. *The American Sociologist* 37(2): 57–66.

Act 111/1998. 1998. *Higher education act.* Prague: Parliament of the Czech Republic.

Arnold, Erik. 2011. *International audit of research, development & innovation in the Czech Republic: Synthesis report.* Brighton: Technopolis Group.

Basl, Josef, Daniel Münich, und Oleg Sidorkin. 2009. *Publication productivity of Czech sociology in scientific journals within the last decade,* CERGE-EI Working Paper Series No. 392. Prague: CERGE-EI.

Bryant, Chad. 2000. Whose nation? Czech dissidents and history writing from a post-1989 perspective. *History and Memory* 12(1): 30–64.

Burawoy, Michael. 2005. Provincializing the social sciences. In *The politics of method in the human sciences: Positivism and its epistemological others,* Hrsg. George Steinmetz, 508–525. Durham: Duke University Press.

———. 2016. The promise of sociology: Global challenges for national disciplines. *Sociology* 50(5): 949–959.

Camic, Charles, Neil Gross, und Michèle Lamont, Hrsg. 2011. *Social knowledge in the making.* Chicago: University of Chicago Press.

Council for Research and Development. 2007. *Analysis of the existing state of research, development and innovation in the Czech Republic and a comparison with the situation abroad in 2007.* Prague: Office of the Government.

———. 2008. *Reform of the research, development and innovation system in the Czech Republic (approved by the Government Resolution No. 287 of 26 March 2008).* Prague: Office of the Government.

———. 2011. *Analysis of the existing state of research, development and innovation in the Czech Republic and a comparison with the situation abroad in 2011.* Prague: Office of the Government.

Crane, Diana, und Henry Small. 1992. American sociology since the seventies: The emerging identity crisis in the discipline. In *Sociology and its publics: The forms and fates of disciplinary organization,* Hrsg. Terence C. Halliday und Morris Janowitz, 197–235. Chicago: University of Chicago Press.

Fiala, Dalibor. 2013. Science evaluation in the Czech Republic: The case of universities. *Societies* 3(3): 266–279.

Good, Barbara, Niki Vermeleuen, Briggite Tiefenthaler, und Erik Arnold. 2015. Counting quality? The Czech performance-based research funding system. *Research Evaluation* 24(2): 91–105.

Holmwood, John. 2010. Sociology's misfortune: Disciplines, interdisciplinarity and the impact of audit culture. *British Journal of Sociology* 61(4): 639–658.

———. 2014. Sociology's past and futures: The impact of external structure, policy and financing. In *The Palgrave handbook of sociology in Britain,* Hrsg. John Holmwood und John Scott, 588–610. Basingstoke: Palgrave Macmillan.

Johnstone, D. Bruce, und Pamela Marcucci. 2010. *Financing higher education worldwide: Who pays? Who should pay?* Baltimore: The Johns Hopkins University Press.

Jurajda, Štěpán, und Daniel Münich. 2015. *Oborová publikační výkonnost pracovišť výzkumných organizací v České republice v letech 2008–2012* (Czech research centres' publication performance in the period 2008–2012, by field of research). Prague: Economics Institute of the Czech Academy of Sciences.

Linková, Marcela. 2014. Unable to resist: Researchers' responses to research assessment in the Czech Republic. *Human Affairs* 24(1): 78–88.

Linková, Marcela, und Tereza Stöckelová. 2012. Public accountability and the politicization of science: The peculiar journey of Czech research assessment. *Science and Public Policy* 39(5): 618–629.

Macháček, Martin, und Eva Kolcunová. 2005. Jak se v ČR žije kandidátům na docenty a profesory? Analýza publikačních aktivit v ekonomických disciplínách [Publish or perish: On the importance of publishing for the economic sciences tenure-track in the CR]. *Finance a úvěr/Czech Journal of Economics and Finance* 55(11–12): 563–577.

Melichar, Marek, und Petr Pabian. 2007. Czech Republic – Shifting peripheries: A state of the art report on the Czech academic profession. In *The changing conditions for academic work and careers in select countries*, Hrsg. William Locke und Ulrich Teichler, 39–56. Kassel: International Centre for Higher Education Research.

Musil, Jiří. 2002. Zamyšlení nad soudobou českou sociologií (Some comments on contemporary Czech sociology). *Sociologický časopis/Czech Sociological Review* 38(1–2): 17–24.

Pabian, Petr. 2009. Europeanization of higher education governance in the post-communist context: the case of Czech Republic. In *European integration and the governance of higher education and research*, Hrsg. Alberto Amaral et al., 257–278. Dodrecht: Springer.

Petrusek, Miloslav. 2011. Návrat (sociologické) teorie do Čech? Východiska, stav a perspektivy (The return of (sociological) theory to the Czech Republic? Principles, perspectives, and current status). *Sociologický časopis/Czech Sociological Review* 47(5): 1017–1034.

Šima, Karel, und Petr Pabian. 2013. *Ztracený Humboldtův ráj: Ideologie jednoty výzkumu a výuky ve vysokém školství* (Humboldt's paradise lost: The ideology of Einheit von Forschung und Lehre in higher education). Prague: SLON.

Skovajsa, Marek. 2014. Celková a zahraniční citovanost Sociologického časopisu: výsledky citační analýzy (Total and foreign-journal citedness of Sociologický časopis: The results of a citation analysis). *Sociologický časopis/Czech Sociological Review* 50(5): 671–712.

Stöckelová, Tereza, et al. 2009. *Akademické poznávání, vykazování a podnikání. Etnografie měnící se české vědy* (Czech science in flux: Etnography of making, administering and enterprising knowledge in the academy). Prague: SLON.

Tollingerová, Dana, und Helena Šebková. 1995. The Czech higher education institutions and their staffing policy. *Higher Education Management* 7(2): 229–240.

Tucker, Aviezer. 2000. Reproducing incompetence: The constitution of Czech higher education. *East European Constitutional Review* 9(3): 94–99.

Turner, Stephen. 2014. *American sociology: From pre-disciplinary to post-normal.* Basingstoke: Palgrave Macmillan.

Young, Mitchell. 2014. Coarsely ground: Developing the Czech system of research evaluation. In *Global challenges, local responses in higher education: The contemporary issues in national and comparative perspective*, Hrsg. Jelena Branković, Manja Klementić, Predrag Lažetić, und Pavel Zgaga, 15–34. Rotterdam: Sense Publishers.

The manufacturer's authorised representative in the EU is Springer Nature Customer Service Centre GmbH, Europaplatz 3, 69115 Heidelberg, Germany. If you have any concerns regarding our products, please contact ProductSafety@springernature.com

Printed and bound by CPI Group (UK) Ltd, Croydon, CR0 4YY

23/03/2026

02076465-0013